杭州优秀传统文化丛书

Hangzhou Youxiu Chuantong Wenhua Congshu

一卷诗书入天目

张爱萍——著

杭州出版社

图书在版编目（CIP）数据

一卷诗书入天目 / 张爱萍著 . -- 杭州 : 杭州出版社 , 2022.1

（杭州优秀传统文化丛书）

ISBN 978-7-5565-1714-5

Ⅰ . ①一… Ⅱ . ①张… Ⅲ . ①天目山－介绍 Ⅳ . ① K928.3

中国版本图书馆 CIP 数据核字（2021）第 278416 号

Yijuan Shishu Ru Tianmu

一卷诗书入天目

张爱萍　著

责任编辑	齐桃丽
文字编辑	何智勇
装帧设计	章雨洁
美术编辑	祁睿一
责任校对	魏红艳
责任印务	姚　霖
出版发行	杭州出版社（杭州市西湖文化广场32号6楼）
	电话：0571-87997719　邮编：310014
	网址：www.hzcbs.com
排　版	浙江时代出版服务有限公司
印　刷	天津画中画印刷有限公司
经　销	新华书店
开　本	710 mm×1000 mm　1/16
印　张	13
字　数	160千
版 印 次	2022年1月第1版　2022年1月第1次印刷
书　号	ISBN 978-7-5565-1714-5
定　价	58.00元

序　言

文化是城市最高和最终的价值

　　我们所居住的城市，不仅是人类文明的成果，也是人们日常生活的家园。各个时期的文化遗产像一部部史书，记录着城市的沧桑岁月。唯有保留下这些具有特殊意义的文化遗产，才能使我们今后的文化创造具有不间断的基础支撑，也才能使我们今天和未来的生活更美好。

　　对于中华文明的认知，我们还处在一个不断提升认识的过程中。

　　过去，人们把中华文化理解成"黄河文化""黄土地文化"。随着考古新发现和学界对中华文明起源研究的深入，人们发现，除了黄河文化之外，长江文化也是中华文化的重要源头。杭州是中国七大古都之一，也是七大古都中最南方的历史文化名城。杭州历时四年，出版一套"杭州优秀传统文化丛书"，挖掘和传播位于长江流域、中国最南方的古都文化经典，这是弘扬中华优秀传统文化的善举。通过图书这一载体，人们能够静静地品味古代流传下来的丰富文化，完善自己对山水、遗迹、书画、辞章、工艺、风俗、名人等文化类型的认知。读过相关的书后，再走进博物馆或观赏文化景观，看到的历史遗存，将是另一番面貌。

过去一直有人在质疑，中国只有三千年文明，何谈五千年文明史？事实上，我们的考古学家和历史学者一直在努力，不断发掘的有如满天星斗般的考古成果，实证了五千年文明。从东北的辽河流域到黄河、长江流域，特别是杭州良渚古城遗址以4300—5300年的历史，以夯土高台、合围城墙以及规模宏大的水利工程等史前遗迹的发现，系统实证了古国的概念和文明的诞生，使世人确信：这里是古代国家的起源，是重要的文明发祥地。我以前从来不发微博，发的第一篇微博，就是关于良渚古城遗址的内容，喜获很高的关注度。

我一直关注各地对文化遗产的保护情况。第一次去良渚遗址时，当时正在开展考古遗址保护规划的制订，遇到的最大难题是遗址区域内有很多乡镇企业和临时建筑，环境保护问题十分突出。后来再去良渚遗址，让我感到一次次震撼：那些"压"在遗址上面的单位和建筑物相继被迁移和清理，良渚遗址成为一座国家级考古遗址公园，成为让参观者流连忘返的地方，把深埋在地下的考古遗址用生动形象的"语言"展示出来，成为让普通观众能够看懂、让青少年学生也能喜欢上的中华文明圣地。当年杭州提出西湖申报世界文化遗产时，我认为是一项需要付出极大努力才能完成的任务。西湖位于蓬勃发展的大城市核心区域，西湖的特色是"三面云山一面城"，三面云山内不能出现任何侵害西湖文化景观的新建筑，做得到吗？十年申遗路，杭州市付出了极大的努力，今天无论是漫步苏堤、白堤，还是荡舟西湖里，都看不到任何一座不和谐的建筑，杭州做到了，西湖成功了。伴随着西湖申报世界文化遗产，杭州城市发展也坚定不移地从"西湖时代"迈向了"钱塘江时代"，气势磅礴地建起了杭州新城。

从文化景观到历史街区，从文物古迹到地方民居，众多文化遗产都是形成一座城市记忆的历史物证，也是一座城市文化价值的体现。杭州为了把地方传统文化这个大概念，变成一个社会民众易于掌握的清晰认识，将这套丛书概括为城史文化、山水文化、遗迹文化、辞章文化、艺术文化、工艺文化、风俗文化、起居文化、名人文化和思想文化十个系列。尽管这种概括还有可以探讨的地方，但也可以看作是一种务实之举，使市民百姓对地域文化的理解，有一个清晰完整、好读好记的载体。

传统文化和文化传统不是一个概念。传统文化背后蕴含的那些精神价值，才是文化传统。文化传统需要经过学者的研究提炼，将具有传承意义的传统文化提炼成文化传统。杭州在对丛书作者写作作了种种古为今用、古今观照的探讨交流的同时，还专门增加了"思想文化系列"，从杭州古代的商业理念、中医思想、教育观念、科技精神等方面，集中挖掘提炼产生于杭州古城历史中灵魂性的文化精粹。这样的安排，是对传统文化内容把握和传播方式的理性思考。

继承传统文化，有一个继承什么和怎样继承的问题。传统文化是百年乃至千年以前的历史遗存，这些遗存的价值，有的已经被现代社会抛弃，也有的需要在新的历史条件下适当转化，唯有把传统文化中这些永恒的基本价值继承下来，才能构成当代社会的文化基石和精神营养。这套丛书定位在"优秀传统文化"上，显然是注意到了这个问题的重要性。在尊重作者写作风格、梳理和讲好"杭州故事"的同时，通过系列专家组、文艺评论组、综合评审组和编辑部、编委会多层面研读，和作者虚心交流，努力去粗取精，古为今用，这种对文化建设工作的敬畏和温情，值得推崇。

人民群众才是传统文化的真正主人。百年以来，中华传统文化受到过几次大的冲击。弘扬优秀传统文化，需要文化人士投身其中，但唯有让大众乐于接受传统文化，文化人士的所有努力才有最终价值。有人说我爱讲"段子"，其实我是在讲故事，希望用生动的语言争取听众。今天我们更重要的使命，是把历史文化前世今生的故事讲给大家听，告诉人们古代文化与现实生活的关系。这套丛书为了达到"轻阅读、易传播"的效果，一改以文史专家为主作为写作团队的习惯做法，邀请省内外作家担任主创团队，组织文史专家、文艺评论家协助把关建言，用历史故事带出传统文化，以细腻的对话和情节蕴含文化传统，辅以音视频等其他传播方式，不失为让传统文化走进千家万户的有益尝试。

中华文化是建立于不同区域文化特质基础之上的。作为中国的文化古都，杭州文化传统中有很多中华文化的典型特征，例如，中国人的自然观主张"天人合一"，相信"人与天地万物为一体"。在古代杭州老百姓的认知里，由于生活在自然天成的山水美景中，由于风调雨顺带来了富庶江南，勤于劳作又使杭州人得以"有闲"，人们较早对自然生态有了独特的敬畏和珍爱的态度。他们爱惜自然之力，善于农作物轮作，注意让生产资料休养生息；珍惜生态之力，精于探索自然天成的生活方式，在烹饪、茶饮、中医、养生等方面做到了天人相通；怜惜劳作之力，长于边劳动，边休闲娱乐和进行民俗、艺术创作，做到生产和生活的和谐统一。如果说"天人合一"是古代思想家们的哲学信仰，那么"亲近山水，讲求品赏"，应该是古代杭州人的生动实践，并成为影响后世的生活理念。

再如，中华文化的另一个特点是不远征、不排外，这体现了它的包容性。儒学对佛学的包容态度也说明了这一点，对来自远方的思想能够宽容接纳。在我们国家的东西南北甚至是偏远地区，老百姓的好客和包容也司空见惯，对异风异俗有一种欣赏的态度。杭州自古以来气候温润、山水秀美的自然条件，以及交通便利、商贾云集的经济优势，使其成为一个人口流动频繁的城市。历史上经历的"永嘉之乱，衣冠南渡"，"安史之乱，流民南移"，特别是"靖康之变，宋廷南迁"，这三次北方人口大迁移，使杭州人对外来文化的包容度较高。自古以来，吴越文化、南宋文化和北方移民文化的浸润，特别是唐宋以后各地商人、各大商帮在杭州的聚集和活动，给杭州商业文化的发展提供了丰富营养，使杭州人既留恋杭州的好山好水，又能用一种相对超脱的眼光，关注和包容家乡之外的社会万象。这种古都文化，也代表了中华文化的包容性特征。

城市文化保护与城市对外开放并不矛盾，反而相辅相成。古今中外的城市，凡是能够吸引人们关注的，都得益于与其他文化的碰撞和交流。现代城市要在对外交往的发展中，进行长期和持久的文化再造，并在再造中创造新的文化。杭州这套丛书，在尽数杭州各色传统文化经典时，有心安排了"古代杭州与国内城市的交往""古代杭州和国外城市的交往"两个选题，一个自古开放的城市形象，就在其中。

"杭州优秀传统文化丛书"在传统和现代的结合上，想了很多办法，做了很多努力，他们知道传统文化丛书要得到广大读者接受，不是件简单的事。我们已经走在现代化的路上，传统和现代的融合，不容易做好，需要扎扎实实地做，也需要非凡的创造力。因为，文化是城市功能的最高价值，也是城市功能的最终价值。从"功能城市"走向"文化城市"，就是这种质的飞跃的核心理念与终极目标。

2020 年 9 月

（单霁翔，中国文物学会会长）

西湖雨泛图（局部）

目　录

郭璞先生，
留下了龙飞凤舞的神采

> 天目山垂两乳长，龙飞凤舞到钱唐。
> 海门一点巽山小，五百年间出帝王。
> ——〔东晋〕郭璞《天目山谶》

天目山，在杭州西北部，临安境内。连绵的群山中有东、西两座主峰，被称为东天目山和西天目山。之所以叫"天目山"，是因为东、西天目的山顶上各有一口天池，蓝天之下，草木掩映，两泓碧水，就好像一双仰天而望的眼睛，清澈又神秘。

天目山双峰耸立，从远处遥望，就好像是从云天间垂挂下来的双乳，所以也就有了"天目山垂两乳长，龙飞凤舞到钱塘"的诗句。

如此吟唱天目山的诗人，名叫郭璞。

郭璞是两晋时期著名的文学家、训诂学家、风水学者。训诂，古人把用通俗的话去解释生涩的词义叫训，把用当代的话去解释古话或方言叫诂，所以训诂学也就是研究古汉语词义的学问。风水学，也叫堪舆术，是中华民族历史悠久的一门玄学，是相术中的相地之术，是研究宫殿、村落、墓地之类选址与建设的一门学问。

东晋太宁二年（324），国都建康（今江苏省南京市），王敦大将军府。森严的府门前，走来一位中年男子，只见他束发顶冠，身穿大袖长衫。大家认出来了，他就是郭璞先生。

郭璞应该是将军府的常客。

郭璞走向将军府大门的时候，脚步迟滞了片刻，却没有停下，继续向前走去。在他的面前，是宽阔又高耸的台阶，一级一级，展现的好像都是大将军的权威。郭先生没有直接上台阶，却来到阶下一名下等士兵的面前。郭先生的手上还捧着一件东西。而眼前这名士兵，怀里抱着戟，身子在冷风中瑟瑟发抖。郭先生把他手里的东西递给了士兵，士兵接过来，一看，是件袄子。

先生对士兵说："穿上吧，你就不会发抖了。"

士兵想说声谢，却可能因为太惊讶，或者太激动了，竟然说不出话来。

先生一笑转身，飘飘上了台阶。看他的背影，就好像一只轻盈的白鹤。

那白鹤走向府门。那是两扇高大的门，朱红色的门面，上面布满了铜钉，一个个钉子足有碗口大，看上去就好像传说中青虬白螭的眼睛，让人觉得森严。

郭璞没有停下来看一看这门，也没有转身再看一眼门外广阔的天空，而是一脚踏入了深院。

郭璞像

郭璞的父亲叫郭瑗，曾经是建平（今湖北省宜昌市）太守。郭璞生在士族之家，非常聪明，从小博学多才，长大后更是学贯古今。照常理来说，郭璞学业有成，长大以后，肯定会像他的父祖辈一样入仕做官，为国家效力，给自己扬名，也给郭氏家族的门楣增光添彩。

但郭璞的兴趣不在官场，他喜欢研究古文，并为《尔雅》《方言》《山海经》等古籍作注。作注，也就是解析注释。为什么需要注释解析？这是因为晋朝之前的文章，普通的晋朝人看不懂，就像我们今天看不懂许多古文一样。给古文作个注释或解析，也就好懂了。郭璞还喜欢写诗，一生所著的诗文多达百卷以上，被认为是"游仙诗"的鼻祖。

除了解析古文字与写诗之外，郭璞还有个大本事，那就是卜筮。什么叫卜筮？这是一门玄学，是用龟甲或蓍草占卜，预测将来所发生事情的吉凶。古人对犹豫不决的事情，往往通过卜筮来解决。现如今是崇尚科学的时代，对于用卜筮之类的手段预测未知，是不屑一提的。

写诗、解析古文字、卜筮，能做这三件事，并且都做成行内高手，一定是奇才。

而这天郭璞进将军府，是当朝大将军王敦专门请他上门来占卜。大将军想对什么事情卜个吉凶，一般人肯定不得而知，比如站在将军府的高阶之下，身上穿上了郭璞所赠的袄子而不再发抖的这名士兵。

但是士兵很快看见，郭璞先生从府门里出来了。只是先生出来的情形，跟进去的时候不一样：进去，是他自己进门；出来，却是被人押着。

郭先生，他，他这是怎么了？

押他出来的人宣布："马上处死这个恶毒的巫师，他想祸害大将军。"

当下，上司给执戟候令的士兵发话："马上行刑。"

而即将受死的郭璞先生，脸上竟然没有一丝惧怕的表情，只听到他哈哈大笑，还说："城外南冈头那里有两棵柏树，树上有个喜鹊巢，就是我上路的地方，走吧。"

行刑的人押着他，照他说的方向走去，果然就在南冈头上看到了两棵柏树。眼前的大树枝叶茂密，瞅了半天，果真看到枝上有个喜鹊窝，窝前还站着只长尾巴喜鹊。

郭璞说："既然命该绝在这里，那么就行刑吧。"

行刑者拿着大刀上前。只见这人的身上，穿的正是郭璞先生送他的袄子。

这人含着眼泪说："恩人，对不住了！"

郭璞先生却说："我的命注定要绝在今日，不怪你。听好了，下手要快，手不要抖。"

行刑者照着先生的吩咐，利索地一刀砍下。

后来才知道，大将军王敦暗中要起事谋反，要郭璞给他卜个吉凶。

而这位王敦大将军，在历史上是怎么样的一位人物呢？简单地说，他是刘禹锡《乌衣巷》诗句"昔日王谢堂前燕"中提到的"王"家，也就是著名的琅琊王氏家族中的重要人物。王敦是书圣王羲之的叔父，而他家最厉害的人物，还不是他，而是他的哥哥——王羲之的另一位叔父——丞相王导。王导是东晋政权的奠基人，立下过巨功，所以当时有"王马半天下"的说法。也就是说，他们王家与东晋君主司马家，是权力相当，共享天下的。可以说，这王家的权势也算到达顶峰了。但王敦还不满足于大将军的权力，想要谋反推翻司马政权，自己来做天子。

郭璞或许早就看清了王敦的反心，面对他的行为，郭璞开始谆谆劝导，说起兵谋反必将造成朝野动荡，让臣民百姓不得安生，而且他的能力也就那样，实在是很难有更大的作为，还是认清形势，放弃幻想吧。还说，他要是决意而行，寿命就不到一年了，要是及时收手，还有绵长的阳寿。可是，起谋逆之心的人，哪里肯听人说劝他回头的话，继续逼着郭璞给他占卜。结果郭璞把所占的卦象告诉他：主凶，事情不会顺利。王敦一听，勃然大怒，马上给兵将下令：把占卜师郭璞给砍了。

王敦的谋反很快失败，他本人更是死无葬身之地。而被王敦杀害的郭璞，作为忠烈之士，受到了朝廷的肯定和表彰，被追封为弘农郡太守。

不说郭璞死后的哀荣了，说说他的生前吧。他生前与江南，与天目山，曾经结下过一番情缘。

郭璞曾经担任过著作佐郎，也就是写书记史之类的文官。但是郭璞性格直率，不喜欢受到戒规的约束，而且很喜欢喝酒，酒后行为更加狂荡，说别人不敢说的，干别人不敢干的。这样一个不受拘束的人，自然不适合在官场上干，没多久，他便把官职给丢了。后来，宣城太守殷祐听闻郭璞的大名，很赏识他的才华，特意邀请他来共事，让他担任参军。参军，也就是队伍的军事参谋。郭璞接受了殷祐的好意，来到宣城。

宣城在安徽的南部，那里有敬亭山，是一处风景优美、人杰地灵的好地方。而宣城与浙江临安交界，敬亭山与天目山可以说是一脉相连、毗邻交接、比肩而立。

郭璞到过天目山吗？

想想吧，敬亭山之东的天目山，当时可热闹了，那是儒、释、道这几大家共同神往的圣地，善写游仙诗的郭璞能不来吗？

那就为郭璞选择一个上天目山的日子吧，最好是初

天目远眺

春晴日，这时的天目山漫山青绿，古木新芽，山花处处，鸟鸣空谷，一派勃勃生机。

看，他来了，被三五个人簇拥着。一群人个个身穿大衫，脚踩木屐，飘飘摇摇地走来。

过了天目山门，沿着山苔遍布的石阶，一步步登向山高处。上达开山老殿，走过倒挂莲花峰，一直来到四面峰下。站在峰下的郭璞先生，一定仰起脑袋，望向龙凤般飞舞的山梁，还有在云雾深处忽隐忽现的峰巅，张大嘴巴，发出惊叹，忍不住要作诗了。

于是便有了篇头流传久远的《天目山谶》。

这是一首谶诗。所谓谶，是巫师方士所编造的，带有吉凶预示的隐语。有个成语叫"一语成谶"，意思就是所预示的话应验了。郭璞这首写天目山的谶诗，开头两句，"天目山垂两乳长，龙飞凤舞到钱唐"，是写天目山的形状，山体高垂而下，就像母亲喂养孩子的乳房。山脉峻秀，山势逶迤，像飞舞的龙凤一样，一直到达海滨的杭州城（当时称钱唐）。"海门一点巽山小"，也有书上记的是"海门一点巽峰起"（〔元〕李有《古杭杂记》）。这巽山，指的是天目山脉延续到杭州（钱唐）最后的山峰，而钱塘江上的"海门"就在杭州城东的南面。这句话的大意是说，天目山脉到达钱塘江边之后，海门看起来不过是一个小点，巽山也显得很小。"五百年间出帝王"这句话就比较好理解了，也就是说在郭璞预言之后，大约五百年的时间里，天目山麓将出现一位经天纬地的奇人，有可能成为帝王。

当然，这谶诗是唯心主义者的作品，在现今不一定被推崇，也无法令人相信，但在生产力落后的农耕时代，唯心主义者应该占社会人口的多数，他们在朝野中的影响也远远大于唯物主义者，所以这样的诗在当时应该是很受欢迎的，以至于千百年来一直被人记忆，被人传播，影响深远。

郭璞已经脱离凡尘，归于仙境了，只有他的作品，还在人间流传。特别是这首《天目山谶》，更加被人惦记。时光匆匆，春来秋往，一晃五百年也就过去了。隋亡唐继，大唐盛世，转眼也已经过去，很快到了唐末的烽火乱世。这时，天目山所在地临安，果真出了两位了不起的人物：一位叫董昌，另一位叫钱镠。两个人在抗击黄巢起义的战斗中，因为战绩突出，受到了朝廷的嘉奖，董昌被任为杭州刺史，钱镠为都知兵马使。

董昌和钱镠，应该都暗暗记住了郭璞的诗，记住了其中的谶语，特别是"五百年间出帝王"这一句，所以董昌在杭州刺史的位置上按捺不住了，在两浙（唐时，浙江分为浙东和浙西）交战中取胜之后，马上去了当时比杭州更加繁华富裕的越州，然后不顾一切地称帝。他这狂妄之举马上受到了讨伐，他也很快结束了皇帝梦。而钱镠则因为讨伐董昌再次立功，又受到了嘉奖，地位一步步擢升，后来开创了吴越国，当上了吴越国王。

这时人们才恍然大悟，当年郭璞先生所预见的，五百年后天目山下的帝王人选，原来就是钱镠。

吴越国王钱镠与先前称帝的董昌相比较，可以说他们带兵打仗的武功是相当的，都是名传天下、名振朝野的好汉，但在治国理政方面，钱镠多的是睿智，少的是野心，就远胜董昌了。他明白自身的实力与处境，所以不追求逐鹿中原、一统华夏，而是始终奉中原朝廷正朔，向中原朝廷称臣，避免战祸，做到"保境安民"。钱镠和他的子孙——三世五位钱氏吴越王——都禀承英明的国策，使得吴越国经济发达、商贸繁荣、国力强盛，还把国都杭州城打造成了美丽富强的天堂之城。

"龙飞凤舞到钱唐"。古往今来，从天目山中走出的人才俊杰，一个个都是人中龙凤，他们飞抵钱塘，又越过钱塘，飞遍了中国，飞遍了世界。不管飞得多高，飞得多远，他们永远都有一个共同的名字——天目山人。

当然，更多的天目山人，像天目青松一样坚韧地扎根在家乡的土地上，劳作、建设、繁衍，生生不息，与时俱进，追星赶月，奋发有为。

这才是对"龙飞凤舞"的最好诠释吧。

参考文献

1. 张恕：《郭璞年谱》，硕士学位论文，上海师范大学人文与传播学院，2016 年。

2. 王欣：《郭璞诗文研究综述》，《焦作师范高等专科学校学报》第 35 卷第 3 期，2019 年 9 月。

3. 江跃良主编：《临安历代诗词汇编》，团结出版社，2020 年。

一卷诗书入天目

HANG ZHOU

谢傅东山，
一个美丽又神奇的地方

朝乐朗日，啸歌丘林。

夕玩望舒，入室鸣琴。

五弦清澈，南风披襟。

——〔东晋〕谢安《与王胡之诗》（节选）

东晋升平年间（357—361），竺法旷在高僧竺昙印门下学法有成，来到天目山中，见神山巍峨，山中草木旺盛，山间气象万千，不由得惊叹不已。好山好水最留人，见识天目的竺法旷，再也不忍离去了，便在狮子岩下选了块地，采来山上的石块，盖了间房子。然后接收弟子，带领众人在石室中修行，并向周边传播佛法。这位竺法旷，便是天目山佛教的开山祖师，被后人称为开山老祖。

这一天，弟子跑来跟师父说，有位外来人进了天目山，他头上戴着高冠，身上穿着大衫，看起来是富贵人家的子弟，却问人山上有没有可供人藏身的山洞。给他指点了一个山洞，他马上跑了过去，一头钻进了洞里。

师父说："你没问人家进洞干什么吗？"

弟子说："没有。"

师父说："给人家送点汤食吧。"

这年轻人在天目山的山洞里一连待了好几天，头上的冠斜了，身上的衣服破了，连脚上木屐的屐齿也断了。可他不管这些，还发出十分诗意的感叹，说："如此这般情境，与伯夷有什么区别呀？！"

伯夷是商朝的皇裔，他和弟弟叔齐在商朝灭亡后，因为不肯吃周朝的粟，一起饿死在首阳山。这年轻人认为自己也是个不向世俗低头的硬骨头，与伯夷、叔齐有一比了。

天目山不是首阳山，年轻人也不必饿死山中。但这清静安宁的天目山洞中生活，一定给了他不一样的人生体验。

之后，年轻人站在了竺法旷面前。一僧一俗，两个人行礼之后聊了几句，便马上明白，对方有学识，有见地，更有胸怀。一代高僧竺法旷还意识到，眼前这位刚钻出山洞的年轻人，其实是一位世间难遇的人物。

让竺法旷起敬的年轻人是谁？

他叫谢安。

谢安，字安石，东晋政治家、名士。

谢安出生在晋朝的豪门望族谢家。他的曾祖谢缵是三国时魏国的大将，他的祖父谢衡是西晋有名的大儒，担任过博士祭酒（相当于现如今的大学校长）等官职，

谢安像

父亲谢裒在东晋担任吏部尚书等要职。谢安投胎到谢家，真是含着金汤匙出生的。

谢安从小就天资过人，思维敏捷，十分喜欢读书学习。长大后，他不仅相貌英俊，风度翩翩，而且多才多艺，据称他善行书，通音乐。这位名家子弟除了读书刻苦、才华卓越，更难得的是，他不像别的富贵佳公子那般清高孤傲、目无下尘。他温文尔雅，礼貌待人，和他接触的人，不管是士大夫还是寻常老百姓，都感觉如沐春风。

眼看世家公子谢安成年了，一身才艺，一肚子学问，也该出山做官了吧。那么，他可以担任什么职务呢？所有认识他的人都认为，谢安适合当大官，甚至说他是能担任宰相的大材。朝廷也希望他加入官员队伍，为国效力。

可是这位谢公子呢，偏偏不想做官，只喜欢与和他一样的有识之士，探讨儒释道，谈论诸子百家。这也是晋朝士人中一个普遍的习惯，他们喜欢聚会，喜欢高谈阔论，历史上把这种行为称作"清谈之风"。

对这"清谈之风"，很多人不以为然，认为是纸上谈兵，务虚不务实，更有人说清谈误事、清谈误国。就连谢安的至交好友王羲之也不太赞成。

王羲之与谢安曾经一起登上冶城（今南京市秦淮区朝天宫一带）的城头。在城头，只见谢安望向天空，悠然地遐想，就好像一位世外高人。王羲之对他的行为和想法不以为然，忍不住跟他说："夏朝的禹为君王操劳，手脚都结起了老茧；周文王为天下忙碌，到天黑了才能吃上饭。如今国家内忧外患，而你们这些人还一味虚谈一些没用的东西，清谈误国，只怕不太合适吧。"谢安说："秦国任用商鞅这样的务实人物，也不过经历了两代君主，国家就灭亡了，难道也是清谈所误？"

王羲之一片好心，却被好朋友怼了一回，一定也挺郁闷吧。

可谢安觉得，连从小玩到大的好朋友都不理解他，而要他这么清高的人进入仕途钻营，那只会让他更加郁闷。为了躲开这些说客，他干脆逃出京城，来到江南，进了天目山，还钻进山洞里躲了起来。

在天目山，谢安不仅与竺法旷大师心意相合，互为知己，而且在清风明月下徜徉，写出了自己的心曲，比如篇首的《与王胡之诗》。这首诗的大意是：与好朋友一起，白天在晴朗的天空下一起玩乐，一起在山林间放歌，晚上又并肩站在山峰上举目远眺，放飞思绪。待到夕阳西下，百鸟归林之后，再一起回到屋里弹琴。琴声清亮，不沾一点俗世的尘埃与欲念。让明净和软的山风，缓缓地吹动着衣衫。

身在巍峨峻秀的天目山，山间云烟缭绕，好像随时有神仙出入，绝对是人间佳境。东海之滨的天目山，才是谢安最向往的隐居地。

谢安一定希望与竺法旷在天目石室谈经论道，咏春吟夏，终老其中，永远不问世间的灰飞与烟灭。岁月蹉跎，日月如梭，转眼之间，谢安到了不惑之年。

就在这个时候，谢家出事了，再由不得谢安任性了。朝中做官的亲人相继去世，而后起之人，比如他的弟弟谢万，本来算是谢家的梁柱，但是因为指挥战事失利，不仅被朝廷革职，还被贬为了庶人。如果他谢安再不出山，那么豪门谢家，眼看着就到大厦将倾，树倒猢狲散的时候了。这时候，这位优秀后备人才，已经年届不惑的谢安，终于决定走出东山，走出天目山，进入仕途，为国家效力。"东山再起"这个成语，正是从这里来的。

离开天目山的谢安，在仕途上顺风顺水，青云直上，一直做到宰相的高位。这时，他指挥了东晋历史上最著名的卫国战争——淝水之战。

太元八年（383），前秦的最高将领苻坚领兵南下。出动的兵力超过一百万，来攻打东晋。而东晋的全部兵力只有区区八万。面对兵力超自己十倍都不止的强敌，东晋上下，包括国君孝武帝都害怕极了，人人成了热锅上的蚂蚁，不知道如何是好。可谢安身为抗敌总指挥，却显得若无其事。风浪就在眼前，他却仍然是一副波澜不惊的样子。

难道，他谢安有神术，能招天兵天将帮助打仗？

他没能招到天兵，只是任命自己的侄子谢玄为将帅。可是，谢玄才三十出头，这么年轻的将领，他能行吗？而且谢玄受命之后，所招募的兵将，也和他自己一样，是一个个羽翼未丰的年轻人。

淝水之战就这样开始了，前秦大军已经压境。东晋要以八万兵力抗击人家的百万大军，这不是以卵击石吗？

但是别忘了，东晋有谢安这位高智商的总指挥，还有谢玄这名千古能将。他们决定，趁前秦兵马还没有全面集合的时候，就以最强劲的兵力主动出击，去攻打前秦的先锋部队。

结果前秦先锋部队还没来得及部署到位，就重重挨了一棒。

后面的前秦部队一看，先锋部队都被打败了，觉得东晋军队实在太厉害，一下子，全军的阵脚大乱。

随后，东晋这支由年轻人组成的生龙活虎的部队，好似从天而降，四面出击，所向披靡，以至于前秦的兵将听到风吼鹤叫，看到草木一摆一摇，都以为是晋军杀到了，吓得屁滚尿流，肝胆俱裂，从而就有了"风声鹤唳""草木皆兵"这两个成语。

这场淝水之战的结果是，前秦被歼灭和逃散的兵将达到七十多万，一败涂地。东晋军队取得了全面胜利。

淝水之战，成为历史上以少胜多的经典战争案例。

谢安出生在晋国豪门谢家，为扭转家族命运东山再起，指挥了著名的淝水之战，可以说他是一位非常了不起的历史人物。而最让他心有系牵、终生向往的，却不是爵位与权力，而是自由，是山水，比如会稽山，比如天目山。

谢安在入仕做官以后，还来过天目山。当时他已经出任吴兴（今浙江省湖州市）太守，再来天目山，不仅为游赏，更重要的一件事，是来"展敬"（拜访致敬）昔日的好友竺法旷。

谢安先前来到天目山，不仅收获了天目美景，还收获了与竺法旷的珍贵友情。谢安走上仕途之后，更加牵挂山中高人，就把这位好友推荐给了国君孝武帝。孝武帝也是盼贤心切，希望有才能的人多多出山辅国，便下旨要把竺法旷请到京师去，还要以师尊的礼节来召见他。

但是，竺法旷的归隐心志无疑比谢安更加坚定，就算国君说要亲自召见他，他也没有动心。竺法旷婉拒了朋友谢安的好意，继续留在山中修业。据说法旷大师长居天目山，平日不仅念经颂佛，还用自己的医术为当地穷苦的老百姓看病，为此深受民间百姓的感激和爱戴。天目山和天目山下的百姓不能没有法旷大师，法旷大师又哪里舍得下天目山和天目山四周的万千百姓？

谢安只好走了，又一次离开了天目山。

谢安可以说是东晋的"定海神针"。但是，有句老话叫"功高震主"。要知道，功劳太大的将帅朝臣，往往声望很高，朝中百官和民间百姓都信赖他，爱戴他。他似乎跺跺脚，江山社稷就会跟着倾斜了。就算他无意跺脚，也会有人觉得被他的光环罩住了，受到威胁了。而受威胁的人因为忌惮，就会想尽办法来攻击他。

谢安是个明白人，他有功却不贪权，于是在君主的打压行动还没有展开之前，先站出来，交权辞职，要求归隐田园。

卸下担子、一身轻松的谢安，一定很想回到美丽清幽的天目山，重揽令他无比钟爱的山山水水，继续先前旷达舒畅的诗酒人生。

然而，谢安病了，病得很重。

心愿无数，老天却不假年呀。

太元十年（385），也就是淝水之战过去仅仅两年，谢安病逝。

朝廷追赠谢安为太傅，谥号"文靖"，后来还被追封为庐陵郡公。

四十岁才出山的谢安，成为一代名相，还被称为"江左风流宰相"。这"风流"，是他温雅的风姿，是他渊博的才识，还有他乐山乐水的性情吧。

天目有幸，临安有幸，在一千六百多年前，留下了谢安这位贤相高士的足迹。

不知道天目山中，当年供谢安藏身过的石洞，是不是至今完好如昨？

参考文献

1. 许锦光：《临安"谢傅东山"说考辩》，《浙江理工大学学报（社会科学版）》第 36 卷第 5 期，2016 年 10 月。

2. 高华平：《评东晋的风流宰相——谢安》，《南京理工大学学报》第 17 卷第 1 期，2004 年 2 月。

3. 江跃良主编：《临安历代诗词汇编》，团结出版社，2020 年。

五柳先生的理想归隐地，
原来还有天目山

尔从山中来，早晚发天目。

我屋南窗下，今生几丛菊。

蔷薇叶已抽，秋兰气犹馥。

归去来山中，山中酒应熟。

——〔东晋〕陶潜《问来使》

天目山的山石主要是石灰岩，这种岩石适合作建筑用材，也因此天目山在开山伊始，便有僧道进山建造石屋。天目佛教开山老祖在狮子岩下建造石屋，而陶渊明这位东晋著名的诗人，也随后进入天目山，在山中建造了一间石屋来隐居。

陶渊明，字元亮，号五柳先生。

陶渊明出生在柴桑（今江西省九江市）一户算是士族的家庭。他曾祖陶侃，是东晋有名的将军，为国家立下过赫赫战功。他外祖父孟嘉，也是位名士。他祖父陶岱，据说是一位看淡悲喜、喜欢寄情山水的洒脱人。陶渊明的父亲陶逸做过太守，但是在陶渊明才八岁的时候就去世了。家中的顶梁柱倒了，家境也就很快败落了。可喜的是，一度显赫的陶家祖上到底给陶渊明留下了一份丰厚的财产。这份财产不是金银珠宝，而是书籍。

陶渊明早年都在读书。直到二十九岁那年，他觉得以自己的才学，应该走出家门做点什么了。对于这个时候的心情与抱负，他自己是这样说的："少时壮且厉，抚剑独行游。谁言行游近？张掖至幽州。"诗句的大意是：我年轻的时候，身体强壮，身手凌厉，一个人佩着把剑就出门远游了。谁说我不过就近玩玩？我梦想一路去张掖（今甘肃省张掖市）和幽州（今北京市一带）。

然而为了养家糊口，陶渊明不得不进入仕途，做官谋求一份俸禄。

可是，他觉得仕途阴暗艰险，不是他所能适应的。他曾经先后四次出仕，但每次都感觉无比压抑，没能进入他想要的状态，坎坎坷坷的，用他的诗句来说，那是"道路迥且长，风波阻中途"。既然仕途不通畅，干脆回家吧，毕竟"园田日梦想，安得久离析"，也就是说，田园才是安然做梦的地方，怎么能离开太久呢？

几番折腾，转眼间，陶渊明已经人到中年。想想家中上有老人，下有孩子，一家人要吃要喝，重担全都压在他肩膀上，为了解决家庭生计，陶渊明在叔叔的引荐下，又一次出山，做了彭泽县令。

有了俸禄，一家人不用再为粮米发愁了。而且朝廷还给了他一份特殊的待遇，是三百亩田地。陶渊明当时也十分高兴，让家人赶快种秫，等成熟收获了，就可以酿酒了，这样一来，那可就不怕没酒喝了。就算钱不多，但是酒有了保证，这样的生活还是令人期待的。

照理说，中年陶渊明能得到彭泽县令这个职位，也算是很不错了。当然，他自己开始也很想好好干，把职务干好了，为民办点实事，也让家人过上衣食无忧的生活。

可是，上任不久，叫人懊恼的事情又来了。一名叫刘云的督邮来向新上任的彭泽县令拿好处，也就是上级向下级索取贿赂。陶渊明是一位有才情又有傲骨的人，哪里愿意面对这种贪官的丑恶嘴脸。他不由地感叹：官场实在是太黑暗了，哪里都是乌黑一片呀。

他实在不愿意与没有节操的人同流合污，于是决定再次辞官，并且这一次辞官，是下定了决心，远离官场，归心田园，永不复出。于是就有了那封千古留传的辞职信——《归去来兮辞》。

陶渊明这次归隐之后，专心务农作诗。在此期间，他来到了天目山。天目山大树如盖，云烟缭绕，好像是神仙出没的人间仙境。陶渊明看在眼里，喜在心里，这里无疑是他在梦中邂逅多次的心灵归宿地。

所以说，陶渊明先生的理想归隐地，不只是他的故乡柴桑，还有天目山。

天目山，在东汉就被称为"第三十四洞天"，是神仙的居所。而在陶渊明所在的晋代，佛教开始传入天目山，山上曾建有寺院庵堂五十多座，最盛时僧侣多达千余人。天目山，成了集儒、道、释诸教于一体的三教名山，令无数文人学士心生向往。

陶渊明来天目山时，木鱼声声，烟火缭绕，高人出没，仙风飘摇，更有碧树撑天，花草烂漫，生动又神奇，幽静又美丽，好像步入了仙境。

陶先生停下脚步，留在了天目山中。他继竺法旷大师之后，在山间采石，盖了间能够容身的石屋。房子盖好以后，又绕着房屋扎下篱笆，然后在篱笆边种了丛丛菊苗，菊苗的中间再插上蔷薇。

想象一下：那苍崖绿树掩映的大山之中，有间玲珑的小石屋，屋前屋后种满了菊花。竹篱笆墙上，还有蔷薇的枝条在篱上攀爬，新叶嫩芽，静待开花。屋里的灶膛间已点燃了干柴，炉火旺旺地烧起来。就着旺火，蒸上高粱。蒸熟了之后，拌入酒曲，再封坛酝酿，酿成好酒。想那菊花开放的时候，酒也应该熟透了，倒上一杯，伴随着这山野的绿树清风与松冈明月，干了一杯又一杯，真的是畅意人生啊。

不肯为五斗米折腰的陶先生除了写诗，最大的爱好便是喝酒。来到天目山，他也忙不迭要酿酒。

天目山当地人家家户户都会酿酒。秋收之后，冬季来临，有了粮食，也有了空闲，便取当地出产的稻米或秫米作为原料，先把米泡了之后蒸上，蒸透之后拌上酒曲再密封起来发酵，发酵的时间越长越好。发酵好之后，再开始酿酒，把酿熟的酒料放入酒器，架在火上烧，流出的清液便是酒，或称为土烧酒，而剩下的残渣，就叫酒糟。土烧酒可以直接喝，也可以装坛封好口子藏入酒窖或埋入泥层，埋藏的时间越久，这酒越是清冽香醇。

陶渊明来到天目山，无疑是嗜酒者到了酒乡。每个叶红雁飞的季节，那篱笆下的丛菊一片金黄，逐渐淡去的秋蝉声里，有清风徐来，有明月相照。三五好友坐在菊丛旁边，来一份香甜的天目瓜果，再来几碟开胃的农家小菜，然后开启一坛熟透的美酒，一一斟上。对月伴菊，吟咏唱和，这才是人间最逍遥的事。

陶先生，生活如此美好，从此就终老天目山吧。

但是人在世间，总免不了有些尘事俗事要处理，所以隐居了一段时间之后，他还是出山了，离开天目居所，回到了柴桑老家。

出山容易，回来就难了，因为诸事总是把一个人牵绊。但天目山到底是一个令人魂牵梦绕的地方，陶渊明实在是十分想念，想念天目山的安静，更想念天目山上亲手建造的家室。这一天，他终于见到了从天目山来的友人，便迫不急待地向人家询问起山里的情况，还有自家屋前屋后的景状。

这情真意切的询问，都记录在诗句中了。

也就有了篇首的《问来使》。

这首诗的大意是：你从天目山来，我那屋子的窗下，今年长了几丛菊花？门前的蔷薇已经抽出新叶了吧？秋天里悄然含苞的兰花，现在还留有香气吧？等我再次回到天目山的时候，先前酿下的酒，应该熟透了。

是啊，先生惦记着菊花呢，惦记着蔷薇呢，更惦记着先前酿下的酒，同样惦记着天目山的清风与明月。

陶渊明先生，他是那样钟爱天目山，钟爱他在天目山上的家。

想天目山上陶先生亲手垒建的石室，也一定栉风沐雨，安静又坚定地矗立山间，等待着主人驭风归来。

说几件陶先生的生平趣事。其中有一件事是葛巾漉酒。说的是有朋友来看他，他正在酿酒呢。酿好的酒倒出来后要过滤一下，去掉酒糟才好喝，只是手头一时没有过滤的器具，他竟然把自己头上的葛巾取下来做滤布。完事之后，他不是把头巾拿去洗晒，而是依旧戴回了头上，然后若无其事地舀了酒与朋友喝起来。

还有个故事叫白衣送酒。说的是重阳节到了，东篱下的菊花开了，就着菊花喝一杯，该是多么愉快的事情啊。可是，陶渊明的家中又没酒了，眼看着要把大好的菊花给辜负了，实在是叫人伤心。正在这个时候，远远看到一位白衣人抱着个酒坛走来了。走近一看，这位白衣人是江州刺史王弘。这位王刺史一定是位有心的官员，早早猜到贫困文士家中的景状，于是在重阳佳节及时送来一大坛美酒，让他过个好节。见到美酒，陶渊明自然是喜出望外，与王弘一起坐在东篱下，对着满篱金灿灿的菊花，你一杯我一杯，一起喝了个大醉。

还有件事是抚无弦琴。说的是陶渊明喜欢在酒会上抚琴，只是他的琴非常奇怪，没有一点装饰不说，还没有琴弦。无弦琴，那么弹来抚去，有谁听得懂曲音？

天目山啊！天目山一定听得懂先生的无弦琴声。

想当年，陶渊明先生在天目山的小屋前架好了琴台，摆上他的无弦琴，对着菊花和蔷薇，抚动起来。天目山让钟声、流水、风吟、虫唱一起来合韵唱和。这是一曲诗人与神山的交响咏叹，无比生动，无比壮丽。

南朝宋元嘉四年（427），陶渊明于贫病之中，在浔阳去世了。友人私谥他为"靖节"，称他为靖节先生。

而天目山间曾经的石屋，也已经不见了。

只有天目山依旧，大树如盖，满目苍翠。

参考文献

1. 江跃良主编：《临安历代诗词汇编》，团结出版社，2020 年。

2. 魏瑾：《陶渊明诗中的"愁"》，《学林漫步》2014 年第 8 期。

3. 彭孝干：《陶渊明诗两首赏析》，《语文天地》2018 年第 1 期。

4. 梁学翠：《人与自然和、人与人和的田园环境——浅析陶渊明诗中的和谐思想》，《赤峰学院学报》第 36 卷第 12 期，2015 年 12 月。

昭明太子，
　　　曾在天目山编《文选》

白云飞兮江上阻，北流分兮山风举。

山万仞兮多高峰，流九派兮饶江渚。

山岩峣兮乃逼天，云微蒙兮后兴雨。

实览历兮此名地，故遨游兮兹胜所。

尔登陟兮一长望，理化顾兮忽忆予。

想玉颜兮在目中，徒踟蹰兮增延伫。

　　——〔梁〕萧统《登天目山赋示云麾弟》

　　天目山没有星月的夜晚，黑得深沉，就像被套进了一只严实的口袋，伸手不见五指，却能够感受到吹拂而来的山风，带着草叶和松木的气息。这气息是柔和的，就像来自纤纤玉指的温柔。还有兰香，那是花瓣上停留着露水的山涧幽兰散发出来的。

　　这个时候，山中的人们，都入睡了吧。

　　是啊，都睡了，整座天目山沉沉入睡了。

　　可那山腰间，分明还有一点亮光。

　　那里，是学庵吧？

是的，那是学庵。

来到学庵前，近了看，只见这亮光是从一孔窗户间透出来的。从窗棂间看进去，里面点着烛火。火光下，有位年轻的男子正在看书。

看这位男子，他峨冠博带，身着敞袖长衫。

看得出来，他是位来自贵胄之家的公子。

这位贵公子，是从梁国首都建康（今江苏省南京市）来到天目山的。

看，公子他正在读文章呢。

是的，他在读书，他在编修《文选》。

他，就是梁国太子萧统。

萧统，字德施，小字维摩，南兰陵郡兰陵县（今江苏省武进市）人，是南朝梁武帝萧衍的长子，于天监元年（502）被册立为太子。

萧统的父亲，当时的梁国皇帝萧衍，原来是南齐的雍州刺史，后来起兵，在中兴元年（501）建立梁朝。也就在这一年，萧统出生了。萧统非常聪明，小时候便开始读书学习，据说看书可以一目数行，并且过目不忘。小太子很正直，十二岁时去看朝廷官员审判犯人，却当场把判决叫停了。他认为官员运用的法律不对，请求父皇让他来审判，结果太子给了犯人从轻的判决。但是他是照着国家的典律判定的，判得有理有据，让所有人都心服口服。

萧统像

太子仁爱。在战争时，眼见百姓受难，太子带头节衣缩食，把衣服和粮食送到难民手中。他主管军服事务时，每年要多做三千件衣服，好在严冬时拿出来分发给贫苦的百姓。

太子很节俭。就算在安泰时期，哪怕南朝禀承东汉的遗风，在服饰上追求繁华奢丽的风格，如在敝屣（寻常的鞋子）旁边还要加上飘带，妆扮成所谓的"华袿飞髾"（宋玉《舞赋》说"珠翠灼烁面照曜兮，华袿飞髾而杂纤罗"，描写一个人身上华丽的珠宝闪耀着光芒，华丽的衣服夹杂着飘飘丝带），但是萧太子却坚持过简朴的生活，服装、用具都很朴素，衣服洗了再穿，吃饭不要荤腥。甚至连丝竹，也就是宫廷最喜欢的奏乐，萧太子都要求省去，还告诉身边人，乐声不是必须用丝竹来奏出，天地间有泉声有鸟声有风雨声，这些清脆干净的声音都是音乐。

萧统对于一样东西是很"贪婪"的，可以说是多多益善。那是什么东西呢？

是书！

萧统非常喜欢和有才学的人交往，常常与学士探讨古史今事，再用文章写出来，以为日常。据说那时候，他在东宫藏书三万卷，这是两晋与刘宋以来所没有的。要知道，雕版印刷术在唐朝中后期才普遍应用，而活字印刷术就更晚了，那是宋朝的事，所以在唐宋以前，一卷书，一册籍，是需要一字一句誊写在绢帛或竹简上的，实是不易。三万卷书，在当时，真可谓洋洋大观。

萧统集合这些书籍，并不是当摆设，他做了件让后世千百年都受益的大好事，就是选编了《文选》，即今天的《昭明文选》。萧统与他的手下，读遍梁之前留传下来的所有好诗文，然后精中选精，集合编为《文选》。

《昭明文选》为什么能够长久地留传后世，并且影响那么深远？因为萧统当时差不多收集了全国的好书，而且他本人才华很高，手下又聚集了一帮同样有才的文人，所以能把当时留存的诗文都找到，都给选出来。以至于后世的先生会这样跟学子们说，"《文选》烂，秀才半"，就是说，谁要是把《昭明文选》中的诗文读得烂熟于胸，也就是半个秀才了。

照理来说，仁爱亲民、生活简朴、恪守情操的太子萧统应该能得到朝臣与民众一致的爱戴，等到父亲梁武帝驾崩，他一定能继承大统，从而成为历史上一位才德兼备的君主。但是，后来发生了"蜡鹅厌祷"事件，让萧统的命运从此发生了改变。这件事发生在普通七年（526）。这一年，萧统的生母丁贵嫔去世，萧统悲伤至极，整个人瘦得没了人形。葬母时，他请道士看墓穴，道士说这墓穴对长子不利，需要厌祷去灾。所谓厌祷，就是用祭物来祷告。宫里人就照道士说的，准备了蜡鹅，埋在了太子的拜位下面。结果呢，有对萧统不满的宫人，就把这件事告诉了他的父亲梁武帝，还恶毒地说，太子埋蜡鹅，是诅咒圣上早死，他自己好早一点继位。结果可想而知，梁武帝大怒。梁武帝原来打算好好追究这件事，好在有大臣谏言，说太子这么正直仁义，怎么可能做出这么险恶的事情？梁武帝便只诛杀了道士，没有深究东宫，但在心里，免不了对儿子有看法。蒙冤的萧统，为了不让父亲产生不愉快的心情，宁愿自己离开京城建康，外出游学。

一步一步，萧统走到了天目山。

离开京城之后的路上，萧太子可没少为百姓办好事。在石城（今安徽省池州市贵池区），这里遇上了大旱，只见到处田地开裂，禾苗都枯死了。萧太子赶到后，赶紧让官方开仓放粮，救济灾民。来到义乌（今浙江省义乌市），听说义西有地方不仅大旱，还发生了瘟疫，他赶紧又让官府放粮赈灾，还亲自进山为百姓找草药。疫情得到控制之后，他更是与百姓一起，在山崖上筑坛求雨，连求了七天七夜，还是没下雨。为了向上天表达自己的诚心，他向村民打听有没有更高的山崖。当他听说有个叫覆釜岩的地方很高很险峻后，二话不说，就向岩上爬去，但不小心在山岩下摔了，摔伤了腿。不过他还是咬紧牙关，一瘸一拐地攀上了高高的山岩。可能上天也被萧统的诚意感动了，马上下起了大雨，给饱受旱害的老百姓送来了甘霖。老百姓为了感谢萧太子的恩德，就把他到达的石岩改名为"萧皇岩"，还把他到达的村庄称为"萧皇塘"。

一路走走停停，萧统最后来到了天目山，在这山清水明、仙风吹拂的好地方安定下来。平日间登高望远，相伴清风白云，他身心一定轻松了不少。欣赏美景的同时，他抓紧时间读书选文，没有一刻懈怠。

他只身在外，无时不思念着远方的亲人。就连在天目山登山游赏的时候，都思念牵挂着自己的兄弟。

萧统对亲人的思念，都写在诗文中了。看篇首的《登天目山赋示云麾弟》，云麾，指的是萧统的胞弟萧纲，萧纲被朝廷授予"云麾将军"的称号，所以萧统称他为"云麾弟"。

这首诗的大意是：白云向着思念的人飘飞，但是在江上受到了阻拦，北来的流水滔天，相伴的是猎猎山风。眼前是大山巨峰，山下有众多的河流流淌。我所在的天目山真是高啊，面貌无比险峻，就像直通天上。山上云雾迷蒙，很快要下雨了。我在这里，饱览遨游这样的名山胜地，只是登上高处，望向远方，就不免想起京城中的亲人们，想起你啊！想你玉树临风的样子，仿佛就在我的眼前，使得我不免停下脚步，思恋良久。

远离亲人的萧太子，虽然挥不去心头的忧思，但还是捂住疼痛的胸口，抓紧时间看书，继续编选诗文。这深沉的夜里，连山鸟也择枝栖息了，连池鱼也入渊安眠了，只有学庵的烛光，还一直亮着。

山风挤过窗缝，扑向烛火。

看，这烛火摇晃，火苗歪斜了。

"太子，你来到天目山的一路上多么辛苦，如今夜深了，你应该早点休息啊！"

"你是谁？"

"我是天目山上的灵姑。"

"天目灵姑，我怎么看不见你？"

"我是天目山的松风和兰露。松风吹拂，那是我；兰花带露，也是我。我要提醒太子，不能老是熬夜，你这么年轻，来日方长，一定要保重身体。"

"灵姑，我也想早点睡去，在这松风兰露的天目山踏踏实实地睡觉，可是还有太多的文章没有读，还有太多的事没有做，我怕来不及呀！"

"太子啊，你的眼睛不好，你为编《文选》，为分《金刚经》，已经落下了深重的眼疾，千万不能在昏暗的烛光下继续看书了呀！"

"是啊，灵姑，这些书籍上的字，在我的眼前越来越模糊了，可我必须趁现在还能看见，多看一点。"

"太子，你就不怕有一天什么都看不见吗？"

"要是我的眼睛真的什么都看不见了，灵姑，你能帮帮我吗？"

"你太执拗了，太子。"

清晨，太子从学庵出来，想起陪他夜读的灵姑，于是希望感受一下天目山的松风，看一看带露的兰花。松风来了，吹拂在他的头上、脸上和手臂上，轻轻的，柔柔的，有点沁人肌肤的凉意，就好像是玉人手指间的冰清玉洁。"可是，兰露呢？我怎么看不见？好像我什么都看不见了。"

"灵姑，灵姑，我的眼睛瞎了，什么都看不见了！"

"太子，我早就说了，你太用功了，你的眼睛迟早会失去明亮。走吧，跟着我，我要把你带去天目山巅，那里有天池。"

"去天池？我什么都看不见，怎么去得了天池？"

"我牵着你，带你去天池。"

"你不是松风兰露吗，怎么能牵我？"

"你跟随着风，顺着兰花的香味，一路走，就能走到。"

萧统果真跟随着松风兰香，一直走，走到了山巅的天池边。池边已经筑好了临水台榭，只等萧太子安坐。然后，灵姑掬来天池的清泉，一遍遍洗濯着太子的眼睛。

七七四十九天之后，萧太子睁开眼睛，发现自己的眼前又亮了。看，那松树，多么劲拔苍翠，那兰花，多么娉婷娇美，花瓣上还停留着露珠，莹莹晶亮，摇摇欲滴。

除了《登天目山赋示云麾弟》外，萧统在天目山还作有《有所思》等名篇。再读读这首《有所思》：

> 公子远于隔，乃在天一方。
> 望望江山阻，悠悠道路长。

別前秋草落，別后春花芳。
雷发一声响，雨泪忽成行。
怅望情无极，倾心还自伤。

　　诗文大意是：我思念亲人，但却各自在天一方。多
么想看见你们，眼前却有群山阻隔，道路也十分漫长。
想我们分别的时候，正是秋草枯黄的季节，如今已是百
花竞放的春天。忽然间头顶一声响雷，大雨纷注，在我
看来是老天流下的辛酸泪水。满腹都是愁怅，想放开心思，
但内心还是忍不住哀伤。

　　萧太子身在天目山，心里却时刻记着远方的亲人。
他一定多次顺着天目山崎岖的山路，攀上天柱高峰，站
在擎天石柱前远眺远方。他祈祷天神赐福，保亲人们
平安。他也希望自己的冤情能得到洗刷，从而消除父子
之间的芥蒂，让亲情继续温暖彼此的身心。

　　只是，回应他的，只有天目山浩荡的山风。

　　这位萧太子实在是过于多愁善感又宅心仁厚了，在
他的眼里，亲情胜过一切，但却偏偏被亲情所伤。就算
被伤，他也没有对谁有丝毫的抱怨，只是在内心责怪自
己，让自己承受着无边的煎熬。

　　天目山的清风明月、清泉碧波、松露兰香，能治好
萧太子的眼睛，让他的双眼恢复光明，却无力治好他的
心病，无力去除他明净双眼中的那份黯然。

　　或许辞别中宫，远离是非，归隐天目山，萧统的双
眼才会真正明亮，散发出年轻人应有的神采与光芒。

　　但是，京城来了一道诏令，他只能收拾行装，告别

天目山。

萧统离别天目山不久，在中大通三年（531）三月，意想不到的事情发生了。回京的萧统，在这个景明花好的日子里，与宫中姬人泛舟湖上，去采芙蓉。没想到，船霎时间在湖心里翻了，萧统落水。虽然被人及时救起了，但是伤到了大腿。这位因为过于仁义而显得有些迂腐的梁国太子，竟然为了不影响老父亲梁武帝的心情，选择隐瞒自己的病情，因此没有得到及时医治，以致猝然而逝。

对于萧统的死因，后人不免有所怀疑，说连丝竹都避开、一心做学问的萧太子，自从发生"蜡鹅厌祷"事件引来父亲的猜忌之后，心情一直那么低落，这个时候怎么会与宫女或嫔妃兴致勃勃地去采芙蓉？所以人们怀疑：这所谓的意外，是不是原本就是一场设计好的宫廷谋杀？

不管是意外，还是非意外，萧统死了。

萧统死后，被谥为昭明太子，后世还被追尊为昭明皇帝。一位心怀苍黎的储君，一位有着济世才干的帝裔，一位发奋有为、只争朝夕的青年学者——死了，年仅三十一岁。风华正茂的生命，戛然而止。

天目的松风悲歌，天目的兰露泣泪。

幸运的是，昭明太子萧统以短暂的生命和深厚的才学为世人留下了《有所思》《长相思》《将进酒》《饮马长城窟行》等绝美的诗篇，留下了分为三十二品，冠上品目，便于阅读的《金刚经》。

留下了《昭明文选》。

而天目山，作为萧统当年的落脚地，也便从此与他联系在一起了。至今在天目山上，还有昭明禅寺这样宏大又历史久远的建筑，有洗眼池、洗眼台等景点，并且在高高的天柱峰上，有一块巨大的方石，被称为"太子分经台"。

太子啊，魂兮归来——

天目山松风兰露永相忆。

参考文献

1. 张施令：《〈文选〉所呈现的文学观与萧统本人的文学观研究》，《美与时代》2017年第7期。

2. 刘刚：《宋玉〈舞赋〉的语境及其语境下的意蕴》，《沈阳师范大学学报》2005年第5期。

3.〔唐〕姚思廉：《梁书》，中华书局，1973年。

4. 江跃良主编：《临安历代诗词汇编》，团结出版社，2020年。

孟襄阳的羽鹤，也曾飞临天目山

枳棘君尚栖，鹌瓜吾岂系。

念离当夏首，漂泊指炎裔。

江海非堕游，田园失归计。

定山既早发，渔浦亦宵济。

泛泛随波澜，行行任舻枻。

故林日已远，群木坐成翳。

羽人在丹丘，吾亦从此逝。

——〔唐〕孟浩然《将适天台留别临安李主簿》

唐玄宗开元十八年（730）夏天，是大诗人孟浩然来到临安，登临天目山的时间。这一年的孟浩然，已经四十二岁，过了不惑之年。

而之前的三年里，孟浩然曾经与李白相遇相知在洞庭湖边。作别李白之后，他远赴长安参加科举考试，但没能中举，却在翰林院作诗，其中有"微云淡河汉，疏雨滴梧桐"的诗句。据说诗句一出口，马上惊动四座，一众翰林高士拍手叫好，叹为观止，他从而享誉京师，声名远扬。从此，当时京师的知名诗人贺知章、王维等人，都与孟浩然相交相知，结为了好友。

但是孟浩然在被王维推荐给皇帝唐玄宗的时候，却出事了，得罪了皇帝，差点惹下大祸。说是唐玄宗让孟浩然献诗，孟浩然所献的诗中有一句是"不才明主弃"。唐玄宗听了，恼怒地说："你孟浩然又没说过想当官，我也从来没有做抛弃你的事，怎么能诬赖我？"龙颜不悦，孟浩然虽然没有被问罪，但是出仕为官这条路是被堵死了，没有希望了。

入不了仕途，干脆游览大好河山，把性情胸臆带到山水中间去抒发，也算是一种逍遥快意的人生。所以孟浩然离开长安之后，在南下的路上，一路游山览水，并在山水中肆意抒怀，留下了大量佳作。

来临安之前的春季里，孟浩然游了定山、渔浦潭等地，然后泛舟富春江，过桐庐，到达临安县城。虽然孟浩然布衣葛巾，自称布衣山人，但大诗人的名声早已传遍天下，所以他所到之处，都受到了当地政府官员以及文友诗客的热情接待。临安也不例外，在孟浩然到来之后，由县衙中的主簿负责全程接待与陪同。主簿，是掌管文书簿籍的官吏，是正职的副官。比如临安县主簿，便是临安县令的副手。这位大唐开元盛世的临安主簿，早已沉入历史的尘埃中，不知道他的名字，只知道他姓李。而李主簿之所以能够史册留痕，正因为他与孟浩然结缘，以至在今天还能被人提及，被人记忆。这是诗人的实力，也是诗歌的魅力，更是千古友情的见证。

孟浩然抵达临安后，在城里稍作盘桓，便在李主簿的陪同下，观赏临安秀美的山山水水，再启程向西，去往像他一样盛名满天下的天目山。

一路上，孟浩然与李主簿聊个不停，各自诉说人生中的坎坷遭遇，以及人生面临的种种艰难。各自剖腹掏

天目山森林

心，互诉衷肠——两个人生失意的人，有种相见恨晚的感觉，自然结为了异姓兄弟、人间知音。

听听，他们都聊了些什么。

孟浩然：像我这样的一介寒士，就算胸中有丘壑，除了咏唱几句，又能怎么样？有幸见到了天子真颜，算是人生的天门大开了，然而天子只需一句话，就把我踢回原地了。唉！我这辈子想要爬起来，恐怕是没有机会了。

李主簿：孟兄啊，你还可以在山水间尽情遨游，不像我这样的小吏，一辈子埋头干活，上面被人压着，下面还要挨骂，哪里会有轻松愉快的一天。

孟浩然：我有我的愁闷，你有你的艰难，都不容易，那就不要老是去想这些烦心事，看山看水，好好调节自己的心情。

李主簿：孟兄说的没错。

两个人互诉衷曲，惺惺相惜。

再怎么愁肠百结，进了清幽旷远的天目山，面对这巍峨幽旷的大山，所有的郁忿都会渐渐散开，慢慢退去，就像山间的雾气见了阳光一样。更何况在炎炎夏日，山外热浪飞尘，蝉声嘶吼，进入山中，山风徐来，草木送凉，别是一个清爽怡人的世界了。

沿着山径一步步深入，进了山门，眼前是深林大山，参天大树，气象万千。在这夏初时节，山下的桃花已经开过了，山上的桃花正是芳菲时候。还有满眼苍翠的大树，还有满耳清脆的鸟唱，还有深林间一缕一缕的青烟。

此情此景，够了吗？

够了。

爬上天目高峰，举目远眺，一览众山小。

身在高处，放眼远眺，看看眼前苍茫的天空和大地，再想想一个人曾经的挫折和失意，那真是小到微不足道，小到不值一提。此时，在天目之巅，诗人一颗原本激荡的心，一下子无比安静了。

饱览了大好的江南山水之后，诗人的心情一定好了许多，随之诗兴大发，创作了多篇佳作。

孟浩然游了天目山之后，下一站去往天台山。在去往天台山的路上，还是想着天目山浩荡的丛林，想着李主簿的热情好客，以及他那知心知肺的话。诗人情动不已，无比感慨，忍不住提笔挥毫，创作了篇首的《将适天台留别临安李主簿》。

这首诗的大意是：你身处棘丛，我也像匏瓜一样悬挂在空处。回想我们分离的时候是初夏，我已经漂泊到了边远的地方。我不是想要遨游江海，实在是担心回归田园也失去了生机。一早从定山出发，到达渔浦过夜。随着江流，泛舟远行。那刚刚游览的天目大山丛林，都渐行渐远了，此刻舟船前方的树木看上去，就好像是眼中的一粒黑黟，也模糊不清了。这时候感觉到仙人就在前面，而我也好想跟随而去，从此走向天涯海角，永远不再回返。

孟浩然离别临安之后，时间很快到了开元二十八年（740）。同样是大诗人的王昌龄，被贬到外地做官，路过襄阳时，去拜访孟浩然。有诗友上门，孟浩然甭提多高兴了，马上置酒办菜，与好友边吃喝边谈诗。但是两年前，孟浩然的背上生了疽，经过治疗本来已经好得差不多了，只是还需要忌口，不能吃刺激性的食物。可是孟浩然见了王昌龄，满心高兴，哪里还记得住自己的病情，也就敞开身心放纵了一回，又吃又喝。结果呢，背疽很快再次发作，医治无效，要了他的命。

"羽人在丹丘，吾亦从此逝"，一位才情高古的大诗人，就这样驾鹤乘风，从此逝去了。

"皇皇三十载，书剑两无成"，这是孟浩然的自谦。

哪怕诗人孟浩然一生都没能入仕当官，死后也还是布衣山人，但他的诗作无疑是唐诗中的一座山峰，令后世无数人叹为观止、高山仰止。"高山安可仰，徒此揖清芬"，"复忆襄阳孟浩然，清诗句句尽堪传"，连诗仙李白与诗圣杜甫，都对浩然先生如此崇敬，终生顿首仰望。

后世有位诗人叫张祜，还不远千里来到襄阳孟浩然故居，写下了"襄阳属浩然"的诗句。是啊，因有诗人孟浩然，从此襄阳也姓孟。

诗浩荡，人悠然。

天目有幸遇先生。

先生诗文留天目。

参考文献

1. 刘文刚：《孟浩然年谱》，人民文学出版社，1995 年。

2. 雒海宁：《孟浩然的山水田园诗》，《青海师范大学民族师范学院学报》第 30 卷第 2 期，2019 年 11 月。

3. 郭响：《孟浩然隐居鹿门山》，《民间传奇故事》2019 年第 10 期。

4. 江跃良主编：《临安历代诗词汇编》，团结出版社，2020 年。

天目旭峰顶，太白吟诗处

伊昔升绝顶，下窥天目松。

仙人炼玉处，羽化留余踪。

——〔唐〕李白《送温处士归黄山白鹅峰旧居》（节选）

我曾经来到天目山的最高峰，放眼看去，下面是整片的天目青松。我的身旁，是曾经求仙道人焚玉炼丹的地方。求仙道人已经羽化成仙了吧，这里只留下些许旧日的痕迹。

这段话所说的，就是唐代大诗人李白这首《送温处士归黄山白鹅峰旧居》所节选内容表述的诗意。

天目松在哪里？

当然是天目山。

哪里最适合观看天目松？

天目绝顶。

看黄山以东，钱塘江以西，这巍巍天目大山。这里

云天一柱

重岩叠嶂，峰峦连绵，绝顶高耸，直入云霄。据说山中大大小小的山峰有三十九座，其中最著名的有九座，分别是旭日峰、玉柱峰、倒挂莲花峰、四面峰、象鼻峰、香炉峰、天柱峰、大仙峰、二仙峰。

旭日峰海拔 1400 米，它像竹笋般突起，峰巅有泉瀑飞流直下，就好像碎玉飞雪。清晨，太阳升起嵌上峰顶的时刻，看起来就好像天目尖峰托起了璀璨的明珠，十分壮丽。而看山下，灰色的石崖间，傲立着一株株龙鳞虬枝的天目松，令人不由地感叹造物的神工与生命的强劲。

玉柱峰在"大树王"西面，有一块孤立的大石头，方形，特别高大，直立在狮子岩上，被当地人称为"狮子尾巴"。峰上有虬松古苔，特别秀美。山体上还刻有"玉柱峰"三个苍劲有力的大字。爬上玉柱峰，可以向东面远眺钱塘江，只见江流迂回飘逸，就好像一根美丽的丝带，所以玉柱峰又叫望江石。

倒挂莲花峰在开山老殿东面，看上去那里的峰体都是裂开的，各成一峰，却又拥簇在一起，就好像一朵莲花，却是莲瓣在下，莲蒂在上，所以叫倒挂莲花峰。山峰的石壁中间筑有石阶，拾级而上，可以看到一线天，即两座相峙高峰间留下的一道狭长的缝隙。有位叫徐念慈的诗人写了首《莲花峰》："水花山立巧天公，清气迢遥一径通。无限竹松叠翠幛，仙莲独映夕阳红。"大意是，这山水花草肯定是凭造物主巧手布置的，山峰间的清岚秀色全都通畅，满眼是层层叠叠的青松秀竹，仙气缥缈的莲花峰独立在夕阳的余晖间，一派明艳。

香炉峰在狮子岩的南面，山峰险峻，耸立向天，看上去就像一只架在天地间的香炉，所以就叫香炉峰。香炉峰是魏晋以来众多道人炼丹修行的地方，峰谷间留下了许多道人修炼的遗迹。

大仙峰又名"仙峰远眺"，海拔 1479 米，是天目群峰的最高峰，平时峰顶上云雾笼罩，故又叫云雾山。峰上有块巨大的石头，像一块石板一样躺着，踩上去会发出敲锣的声音，所以叫京锣坪。登上大仙峰顶，那真是觉得自己已经身在半空，万山千壑都在脚下，无比壮观。这里，同样留下许多修炼人的遗迹。

李白所到的绝顶，应当是旭日峰。

据《天目祖山志》《浙江通志·天目山专志》等志书记载，旭日峰有块石崖，上面刻有"太白吟诗处"几个大字。这块巨石，也就被后人称为"太白吟诗石"。只是岁月久远，石头虽然还能找到，石头上的刻字却被青苔杂草覆盖了，恐怕不太好辨识。只有仔细寻找，除去草苔，才能让故景旧迹重见天日。

通读李白的《送温处士归黄山白鹅峰旧居》，其中还写到"黄山四千仞，三十二莲峰""丹崖夹石柱，菡萏金芙蓉"等。也就是说黄山高耸四千仞，莲花攒簇三十二峰，丹崖对峙，中间立着参天高峰，就像是擎天石柱，有的山峰像莲花，有的像盛放的芙蓉花。李白所描述的黄山形貌，与天目山实在是太相似了。天目山与黄山，是比肩毗邻的两座大山，地域相近，形貌相似，就好像是江南大地上一母同胞的兄弟。

因为这首诗主要写黄山，所以有人说李白并没有到过天目山，理由是诗中提到天目松，而今天天目山上有青樟树、银杏树、柳杉树等，唯独少见松树，更别说与黄山松类似的松树。然而，恰恰是这天目松，可以印证李白到达过天目山。因为，天目山高峰上真有松树，跟今日所见的黄山松一个模样。天目有美松，别说是李白所处的唐朝，就算到了明朝，天目松也还在，好看又茂盛。证据就在明朝诗人袁宏道的佳作《天目山咏》中，他这样写天目松："松生玉柱峰，根迸石纹裂。"也就是说天目松生长在玉柱峰这样的高峰上，强劲的树根迸得山石都裂开了。这样的高山劲松，是不是就是今日所见的黄山松？所以见过天目松，也见过黄山松的李白，就把两者结合起来了。那么为何黄山松至今依然挺立，都成为黄山的标志了，天目松却不见了呢？这个答案也在袁中郎的文章里，他说天目松很珍奇，"一株值万钱"，在战乱或动荡的岁月里，大量的天目松被人偷挖，出售换钱了。这些只图眼前利益，无视身后骂名的小人，给天目山造成了不可弥补的遗憾。

还是说说大诗人李白的生平，以及他多次来到浙江的经历吧。

〔南朝陈〕顾野王《天目云海图》

李白出生在剑南道绵州（今四川省江油市），字太白，号青莲居士，又号"谪仙人"。在家乡饱读诗书之后，二十四岁的李白才华横溢，学剑有成，离开了生养地，开始了他吟诗仗剑走天涯的人生路。

他顺江而下，来到湖北，拜会当时诗名满天下的孟浩然。见面之后，李白兴奋地大喊："吾爱孟夫子。"之后，李白与安陆许家小姐结婚。许小姐的祖父许圉师，曾经做过唐高宗的宰相。婚后，许夫人给李白生了一儿一女，儿子伯禽，小名叫明月奴，女儿叫平阳。

只是，就算家是温暖的港湾，也不能长久地系住李白的心，只有诗和远方，才是他无尽的追求。就像当年出川一样，李白几年后告别妻儿，继续走上他理想中的漫漫前路。

离开安陆的李白，来到了长安。盛世京都长安城，那一定是高楼明堂，鲜衣怒马，满眼繁华。李白想以他的才华，跻身这繁华社会的上流，却是一再碰壁，只能穷困潦倒地徘徊在人生的十字街头。虽然其间也登高望远，也与友人喝酒论道，也诗作迭出，但总觉得是人生不如意，身在蓬蒿下。

无法在长安落脚的李白，还是回到了安陆。回来后，李白或许想在安陆扎根了，"构石室"（造石头房子）于白兆山桃花岩，过上了耕读的日子。然而才几年，许家原本殷实的家境已经破败，而且许夫人患上了重病，不久便去世了。

此后，李白便离开湖北，到了浙江。

李白这一次来浙江的原因，应该是投亲。当时他的族叔李阳冰在缙云（今浙江省缙云县）做县令，他是来投奔李阳冰的。不久之后，李白还跟浙江一位刘姓妇人结合了，算是再婚。只是因为刘姓夫人的性格很强势，李白受不了，所以他们没过多久便分开了。

在此期间，李白写下了许多关于浙地山水的名篇，如著名的《梦游天姥吟留别》，还有《越中览古》《杭州送裴大泽赴庐州长史》等。

众所周知，李白后来也曾迎来命运的转折，"仰天大笑出门去，我辈岂是蓬蒿人"，又潇洒入长安，还做了唐玄宗的御用文人。因为进入宫廷但受不了约束，最后他还是再次离开长安，还归山水田园。

再次离开长安之后，李白作了两首回忆先前纵情游览天目山等名山大川的诗，这便是《忆东山二首》，其一云：

> 不向东山久，蔷薇几度花。
> 白云他自散，明月落谁家。

这首诗的大意是：我没去东山很久了，不知道山间的蔷薇花又开过几回了，回想那山顶的白云飘散着，是多么自由呀，还有清朗的山月，都是那么让人无比怀念。

天目山之所以也被视为东山，在谢安的篇章里已经介绍过，因为谢安曾经隐居天目山等地，而对于谢安的隐居地，世人泛称东山。而李白，是谢安的小迷弟，他的诗作中，许多次出现谢安，比如"但用东山谢安石，为君谈笑靖胡沙"等。对于谢安的隐居心愿，李白同样认同，因此对于谢安所抵达的隐居之处，比如天目山，李白一定同样钟爱。

"唯愿当歌对酒时，月光长照金樽里。"

相信这对酒邀月的清辉，便是诗魂。

更相信伟大的诗魂，永远停留在高高的旭日峰。就在那峰巅之上，每天的清晨与黄昏，伴随着朝日与夕阳，熠熠生辉，照耀着古老又青春的天目山，照耀着万世长青的人间。

参考文献

1.陈尚铭：《李白浙江行踪考查》，《宁波师院学报（社会科学版）》1987 年第 2 期。

2.杨海波：《李白行踪考辨》，《无锡南洋学院学报》第 3 卷第 4 期，2004 年 12 月。

3.金荣：《简析李白的咏月诗》，《巴音郭楞职业技术学院学报》2008 年第 3 期。

4.江跃良主编：《临安历代诗词汇编》，团结出版社，2020 年。

诗僧皎然、茶圣陆羽与天目山茶

喜见幽人会，初开野客茶。

日成东井叶，露采北山芽。

文火香偏胜，寒泉味转嘉。

投铛涌作沫，著碗聚生花。

稍与禅经近，聊将睡网赊。

知君在天目，此意日无涯。

——〔唐〕释皎然《对陆迅饮天目茶因寄元居士晟》

　　与好朋友陆迅欢聚，多么令人高兴，拿出还没启封的天目好茶。回想在天目山采茶的情景，一派春日暖阳，东山的茶株嫩枝新发，北山的茶株也抽出了细芽。天目山中巧手的女子，采起新叶嫩芽，之后用文火炒制，这样的茶叶香味特别浓郁。再用清冽的天目泉水烧开来冲泡，那茶味实在是太美妙了。要是拿干茶在锅子里研磨一下，再盛入碗中冲泡，沸汤中的叶沫就好像花朵慢慢绽放。茶味，与禅味相近，所谓"禅茶一味"。一碗好茶，还能够将饮茶人的睡意消除，让身体像叶片一样舒展。我知道赠我这包好茶的朋友元晟现隐居在天目山。好友的深情厚谊，我永远都不会忘怀。

　　这段话，就是这首《对陆迅饮天目茶因寄元居士晟》

天目青顶

的大意。

诗人在这首诗中，把天目山中的茶园景况、采茶制茶以及煮茶喝茶等茶人茶事，都细致地记录在了诗句中。还提出一个人饮茶时的心境要与修禅时的心境保持一致，收敛身心，静思息虑，自尝苦甘，自品其味，这也就是所谓的禅茶一味。

先说说让人回味无穷的天目山茶。

高山出好茶。高山，也就是高海拔地区。海拔高的山区昼夜温差大，有利于茶树生长。而且高山的土壤往往肥沃，能培植出更好的茶株。而极品茶对于土壤要求更高，除了肥沃之外，还要营养丰富。怎样的土壤才算是营养丰富的？那就是土中有烂石头。这石头，是一种可以腐化的岩石。这种腐石，由火山喷发的岩浆形成，含有丰富的钾、钙、镁、铁等元素，石头腐化了之后，这些元素和入了泥土中，形成了营养土。吸收了诸多营养元素的茶叶，自然味道更好、功效更佳。所以有"茶圣"之称的陆羽，就在《茶经》中说："茶之笋者，生烂石沃土。"茶笋，是指像笋尖一样的茶芽。而烂石沃土，是出产极品茶的必备条件。天目山，具备高海拔、土壤肥沃又营养丰富这些条件，所以天目山出产的茶叶，必然是好茶。

天目山产茶的历史非常悠久，是我国有名的古老茶区。陆羽在《茶经》里就说过，"杭州临安、於潜（今於潜、太阳、潜川、天目山四镇）二县生天目山，与舒州（今安徽省潜山市）同"，也就是说杭州的临安和於潜二县出产茶叶，主要产区是天目山，与舒州天柱山出产的茶叶质量不相上下。而天柱山，也是历史上有名的贡茶产地。

天目山茶在唐代的名称，叫大方茶，是浙江地区向中原朝廷进贡的贡茶。据说西湖龙井茶，也是在吸取大方茶炒制技术的基础上发展起来的。龙井茶比大方茶要晚数百年。

再说说这位爱茶又爱诗的唐代高僧皎然。

皎然，湖州长城（今浙江省湖州市长兴县）人，俗姓谢，字清昼。皎然的家族陈郡（今河南省太康县）谢家，是历史上非常有名的大家族，出了很多的名人。比如东晋名士谢安被称为"江左风流宰相"，前文已经详细介绍过。还有谢灵运，他是东晋著名的旅行家，山水诗的鼻祖。而这位出生在谢家的后人皎然，也是非常聪明，从小就遍览群书、能诗能画，但成年之后，去长安参加科举考试，却没有中榜。很多的落榜学子，会黯然离京，但却不肯就此罢休，回乡之后继续埋头苦读，待到再度开考之时，依旧赴京赶考。皎然却没有做一只蠹虫苦苦地钻书本，而是潇洒地来到杭州，迈入灵隐寺，削发出家，做了和尚。从此，俗界少了一位与先祖谢安一样风流倜傥的谢公子，释国多了位才华横溢的智僧。

皎然皈依佛门之后，潜心修行，听取高僧讲道，精心研读典籍，加上他超人的悟性，很快成了一名声誉不凡的僧人。他每到一个地方，都受到信徒与百姓的欢迎。到达京城，连京城中的王公大臣们也对他礼遇有加，十分敬重。

皎然写下了大量的诗作。他的诗非常清新淡雅，就像清晨的天目山中，那含珠带露的草叶。如"近种篱边菊，秋来未著花"，大意是近来在篱下新种的菊花，秋天来了还没有含苞。再如"春生若溪水，雨后漫流通"，大意是春天生发的情象，都像涨水的小溪一样，新雨过后，随意地流淌。这些诗句与诗意，就好像随手拈来，不沾土，不染尘，却又暗香浮动，如同腊梅与素菊，令人喜爱。

皎然喜欢作诗，也喜欢喝茶，所以就喜欢以诗会友、以茶会友。他常常邀请高朋好友，一起来参加品茗会、斗茶会、诗茶会。想象一下，在天目山的南亭和陶然亭中，一群文化俊杰，他们或身穿襕衫，或僧袍羽氅，你颔首吟罢，他浅笑挥斥，情切切，意殷殷，真是趣味高雅、生机盎然。

再说《茶经》的作者陆羽，他与皎然有朋友之谊，也有师徒之实。陆羽尚是婴儿时，因为身患恶病被父母遗弃，成了弃婴。在生死关头，是一位出家人发现了他，将他收养并教育成人。陆羽长大后，又遇到贵人相助，学了不少品茶鉴茶的知识。在"安史之乱"后，当时的官民遭受兵灾，大都离家失所、漂泊流离，陆羽也在其中。成了难民的陆羽东奔西跑，最远到过四川，后来又来到浙江。钱江奔流，天目巍峨，面对这样山清水秀、人杰地灵的好地方，陆羽一颗漂泊的心，一下子安定了下来。浮云不想再飘荡，游子停下了脚步，美丽的江南，也就成了陆羽终身的归属地。

更令人欣慰的是，在陆羽选择落脚安身的湖州，当时有颜真卿这样一位正直又才绝古今的父母官。颜真卿是京兆万年（今陕西省西安市）人，进士出身，做过监察御史等官，因为得罪了当时的奸臣杨国忠，被贬为平原太守，所以也被称为颜平原。后来又被贬到江南，担任湖州刺史。同时，湖州还有皎然这样至情至性的师友，以及众多的文化名流。

陆羽在湖州，先后在妙喜堂、苕溪草堂、青塘别业等地居住。而在妙喜堂，和他一起居住的就有皎然。后来，陆羽在皎然等人的帮助下，开始着手著作《茶经》。

陆羽来天目山，应该在唐肃宗上元元年（760）前后，是在好朋友皇甫曾的陪同下，一起来到的。皇甫曾，进士出身，诗文高手，还是大诗人王维的门生。陆羽与皇甫曾沿苕溪西行，经安吉、孝丰进入於潜。他们到达天目山之后，便进入山林，亲自采摘山茶。而且有的时候，陆羽还独自一个人带点干粮，风餐露宿，进入更深的林区。他遍踏天目山的岗岗峦峦，坡坡湾湾，目的就是为了见到更多的天目好茶，寻找更优良的野生茶株，真是十分辛苦。

有一次，陆羽从天目深山采茶回来，皇甫曾见他身体无损，十分高兴，特意作了一首诗相赠，这首诗便是名篇《送陆鸿渐山人采茶回》：

> 千峰待逋客，香茗复丛生。
> 采摘在深处，烟霞羡独行。
> 幽期山寺远，野饭石泉清。
> 寂寂燃灯火，相思一磬声。

这首诗的大意是：天目的千山万壑都等待着你这位从凡尘俗世逃离的名士，山上到处都是品质优良的茶树。你要去深山采摘好茶，烟云丹霞看见了，也倾慕你遗世独立的丰姿。远远望去，寺院离你很远了。打开干粮袋，坐在清澈的山泉旁边用餐，享受这清脆悦耳的天籁之声。夜间的你，是不是独自支起了灯火？你不在我身边时，我总担心你，对你怀着深深的思念。真希望我的思念之情，能通过击磬般的激越之声，远远传达给你。

在天目山，还有一位皎然和陆羽等人的至交好友，便是皎然在《对陆迅饮天目茶因寄元居士晟》中提到的元晟。元晟是河南洛阳人，曾经参加过进士考试，担任过参军（古代科级称为曹，各曹都有参军，相当于如今的科级干部）等职务。后来元晟南下，到达天目山后，被天目山的幽谷碧树所吸引，再也不愿离开，也就定居下来。当时著名的诗人皇甫冉，也就是皇甫曾的哥哥，曾经为他写下《送元晟归潜山所居》，其中有诗句"深山秋事早，君去复何如"，也就是说天目山这样的深山里，秋天来得早，天气会早早寒冷下来，老朋友可要尽早操心过冬的事宜啊。

天目山的冬天是寒冷的，大雪封山，山河俱白。但要是置身其中，白雪山川，青松腊梅，疏影暗香，是不是一样是美景至境？

而在雪水的浸润滋养下，满山的茶树根须伸长，株身茁壮，悄然地积蓄着力量。只待冰雪消融，春风吹拂，暖阳相照，便雨后抽新芽，壮株吐新绿，又是一片天目好茶。

天目好茶传承至今，其中最有名的叫天目云雾茶。天目大山，雨量充沛，山谷间长时间云萦雾绕，所以云山雾谷出产的好茶，就称为云雾茶。天目茶采摘一般在清明至立夏之间，特级茶更是在谷雨季节之前。"凡采茶，在二月、三月、四月之间"，这也是陆羽在《茶经》中所说的。天目茶的鲜叶形状就像雀舌，叶质肥厚，银毫隐露，色泽润绿，十分好看。炒制后的成茶汤色清澈，清香持久。所以说，天目茶可谓是色、香、味俱佳。但是因为战乱，天目云雾茶有一段时间停止过生产。直到改革开放，社会稳定之后，又恢复了生产，并将天目云雾茶改名为"天目青顶"，寓意为天目新茶，色更丽，质更优。天目青顶在国内外茶事比赛中，获得诸多奖项，受到中外嗜茶人的喜爱。

> 百花开来好春光，采茶姑娘满山岗。
> 手提篮儿来采茶，片片采来片片香。

心灵手巧的天目山姑娘，在每一年灿烂的春光里，身穿春衫，肩背竹箩，唱着欢快的采茶歌谣，手下飞舞，采摘着玉叶金芽，采摘着天目山如茶般清丽又甘醇的日子，时光知味，历久弥香。

再读皎然的诗作《九日与陆处士羽饮茶》：

> 九日山僧院，东篱菊也黄。
> 俗人多泛酒，谁解助茶香。

照着皎然——这位千古知名的诗僧在诗文中描述的意境，想象一下，坐在天目旧庵中，庭院中的菊花黄了，也或者满眼的草树正绿，一张石桌，一壶清茗，几只素盏，三两知心好友，掬清泉，邀闲蝶，再来一盘天目小笋丝，喝着，聊着，敞开心怀朗朗笑着，飘飘悠悠地享受着天目大山中特有的、安静闲适的时光，是不是令人向往？

那么，去天目山吧，拨冗除繁，说走就走，沿着诗僧和茶圣的足迹，去往好茶的源乡，好水的源头。

天目问茶。

参考文献

1. 王怡婧、田真：《禅、诗、茶的整合——以唐代僧人皎然为中心的考察》，《中国宗教》2021年第3期。

2. 杨芬霞：《论诗僧皎然禅修历程对诗境的影响》，《西安文理学院学报（社会科学版）》第18卷第6期，2015年12月。

3. 江跃良主编：《临安历代诗词汇编》，团结出版社，2020年。

最忆杭州的白乐天，也忆天目山

> 堂堂不语望夫君，四畔无家石作邻。
> 蝉鬓一梳千岁髻，蛾眉长扫万年春。
> 雪为轻粉凭风拂，霞作胭脂使日暾。
> 莫道面前无宝镜，月来山下照夫人。
>
> ——〔唐〕白居易《新妇石》

元和十年（815）春天，一番新雨，遍山染绿，让人也生机蓬勃、精神焕发。杭州刺史白居易在府邸处理完公事，看看窗外美景，心情不错，决定起程向西，出杭州，去於潜，好好游览境内知名的神山——天目山。

天目山，那是深幽翠碧的大山，林木遮天蔽日，花草满山遍野，还有峡谷、瀑布、云海、奇峰，作为一位从长安闹市中走出来的官员，白居易白大人来到天目山，心神越发安宁，心情越发舒畅。

天目山间的山山水水，各个景点，各处景致，甚至山间的一块石头，都能让白公伫足良久，赞叹不已，从而写下了许多关于天目山的诗篇。

比如篇首这首《新妇石》，写的就是西天目山上的一块大石头。

这块大石头矗立在天目山的山崖上，叫"新妇石"或"望夫石"。为什么叫新妇石或望夫石呢？传说以前，天目山脚有对夫妻，新婚不久，丈夫就被征兵入伍了。妻子希望丈夫早点回家，就每天攀上高高的天目山，来到山崖前，举目眺望。她多么希望山下能早早出现熟悉的身影啊！她还远眺钱塘江，希望江船快快把心爱的人给载回来。但是，路上人来人往，却总不见日思夜想的那个人，江上千帆过尽，也尽然不是。一天又一天，一年又一年，山峰默默，江水无语。妻子还是不死心，等啊，盼啊，一直没见丈夫回来。妻子的痴情感动了天目山神，在她死去后，把她的身子点化成了一块大石头，让她矗立在山崖前，继续眺望。

沧海桑田，海枯石烂。

痴情忠贞的天目山女子，让白居易也无比动容，便写下了《新妇石》。

这首诗的大意是：这块石头像静婉的妇人，望着夫君远去的方向，四周没有人家，只有别的石头做邻居。石女头上发髻千年不改式样，长长的眉毛也总是一个样子，风吹来的雪花就是给她敷脸的粉底，初升太阳的霞光给她添上胭脂，不要说面前没有可照的宝镜，月亮就是镜子，供夫人相照。

与西天目山上这块新妇石相对应的，是东天目山上一块同样耸立的巨石，就叫新郎石。新妇新郎，两两相对，互望千年。在新妇石与新郎石的石体上，还被后人刻上了白居易的诗文，成为天目山上的一大景观。

天目山处处都留有白居易的足迹，而白公对天目山的赞美，也是发自肺腑，除了《新妇石》，留存的还有《南亭对酒送春》等篇。

《南亭对酒送春》中写道：

> 含桃实已落，红薇花尚熏。
> 冉冉三月尽，晚莺城上闻。
> 独持一杯酒，南亭送残春。

大意是：眼看春花的花期已过，不免伤春感怀，来到这山中南亭，清风明月中，与友人喝杯薄酒，也算是送春一程。

诗中的南亭，就在西天目山。

原先在京城做官的白居易，为什么来了杭州呢？

那是在元和十年（815），白居易被贬官出京。他原先在朝中担任左拾遗（拾遗，也就是捡拾朝廷政策决策失误的官职），因为性情耿直，频繁上书，得罪了朝中权贵，被贬为江州司马（州长官为刺史，司马为副职）。五年之后，他被召回京城，还给升了官职。但是，白居易的思想与政见依旧得不到采用，为此他觉得还不如在外面任职，所以就主动请求外任，最后被任命为杭州刺史。

从白居易来杭州之后所写的诗作中可以读出，他此时的心情不再像任职江州时那样失落郁闷，好像已经看透世事、看淡仕途，性情中多了一份豁达与开朗。

白居易在杭州当了三年官，之后便回到了京城洛阳，继续在官场宦海中起伏漂游，先后担任太子少傅、刑部尚书等职务。在白居易离开杭州的后半生中，令他心心念念的、魂牵梦萦的，便是杭州。所以，有了"江南好，风景旧曾谙。日出江花红胜火，春来江水绿如蓝"，"江南忆，最忆是杭州。山寺月中寻桂子，郡亭枕上看潮头……"。

乐天先生笔下的一字字，一句句，成了千年以来，杭州最诗意又最贴切的名片。

而杭州的百姓，十分感戴白居易的好，在他结束任期要离开杭州的时候，满城的人拦住马头，双手捧酒，热泪飘飞，深情相送。

白居易留给天目山的诗篇，留给天目山的故事，至今留传，被人熟知，被人咏唱。

看，就在天目山下，以及东西南北各个地方，许多少小的孩子，正捧着唐诗读本，在大声朗诵：

离离原上草，一岁一枯荣。
野火烧不尽，春风吹又生。

参考文献

1. 左安源、左宏阁：《江山与风月，最忆是杭州——浅谈白居易的杭州情结》，《浙江旅游职业学院学报》第 9 卷第 2 期，2013 年 6 月。

2. 朱金城：《白居易年谱》，上海古籍出版社，1982 年。

3. 宋彦慧：《浅析白居易知足的人生观》，《剑南文学》2016 年第 6 期。

4. 江跃良主编：《临安历代诗词汇编》，团结出版社，2020 年。

诗豪刘梦得，曾来潜水驿

候吏立沙际，田家连竹溪。

枫林社日鼓，茅屋午时鸡。

雀噪晚禾地，蝶飞秋草畦。

驿楼官树近，疲马再三嘶。

——〔唐〕刘禹锡《秋日送客至潜水驿》

刘梦得，便是唐朝大诗人刘禹锡。关于他和天目山的情缘，那要从他与两位至交好友说起。这两位至交好友，其中一位，便是前面文章所写的白居易，另一位是元稹。

白居易、元稹、刘禹锡，三位诗文大家，三位人中仙士，曾经一起来到了天目山。

故事要从长庆二年（822）说起。当时白居易来到杭州，担任杭州刺史，而元稹也因为朝廷党争被贬，紧随白居易到了江南，任越州（今浙江省绍兴市）刺史。三位好友，其中有两位都来到了浙江，那么刘禹锡怎么样了呢？

这位有着"诗豪"之称的刘禹锡，据说是汉朝帝王

刘禹锡像

的后人，先祖是中山靖王刘胜。刘胜是汉景帝刘启的儿子，汉武帝刘彻的兄长。刘禹锡的父亲叫刘绪，是个小官僚。

据说刘禹锡从小就非常聪明，小小年纪，就能吟诗作赋。蒙童就开始作诗，这可能是古代神童的一个标配吧，比如李白，比如骆宾王。在贞元九年（793），他才二十一岁，便中了进士。而他的同龄人、好朋友白居易，到了元和元年（806）才进士及第，比刘禹锡要晚整整十三年。要知道，在唐代有"三十老明经，五十少进士"的说法，说的是当时的科举分为明经科和进士科，明经科靠强记硬背，算是比较容易的，三十岁考中明经科算是年纪大了，而进士科在背和记的基础上还要会用，也就是针对考题或时事，引经据典来论述，那就不容易了，所以五十岁能中进士，都不算超龄。白居易三十四岁考中，算是年轻的。而刘禹锡，二十刚出头，就考中了进士，实在了不起。想象一下，插花骑马的新科进士队伍中，大多眉须苍苍，其中却有一位意气勃发的少年儿郎，实在叫人惊叹。

刘禹锡少年登科，而且写得一手好诗文，当然得到了朝廷中许多官员的另眼看待。其中，宰相杜佑就十分器重他。刘禹锡也就投奔了杜佑，成为宰相府的幕僚。所谓幕僚，是泛指文武官署中的佐助人员，比如将军幕府中的参谋、书记等。后来刘禹锡到监察院担任御史，在这里遇上了一同任职的韩愈、柳宗元等人，他们志趣相投，自然成了好朋友。

但是在官场宦海中遨游，注定是不会一帆风顺的。要是顺风顺水，那是难得的运气，大风大浪才是人生常态。

风浪来了，刘禹锡被卷入。

这场风浪，便是历史上有名的"八司马事件"。

"八司马事件"是怎么回事呢？司马，是个官职，是州的副职，在刺史之下，比如白居易就出任过江州司马。而这个"八司马事件"，与当时唐朝的一次改革有关。唐永贞元年（805），唐德宗李适病逝，唐顺宗李诵继位。唐顺宗还是东宫太子时，就明白"安史之乱"之后，朝廷的政权不再牢固，其中最大的问题是朝廷宦官专权、地方藩镇割据。为了解决问题、消除危害，李诵登基之后，便起用他信赖的臣下，如柳宗元、刘禹锡等人，想要通过任用新人来推行改革，恢复大唐的繁荣，让江山社稷更加稳固。

在唐顺宗的旨意下，大臣们着手开始改革。夺回宦官的权力，制裁藩镇的跋扈，打击贪官污吏，免除民间的各种苛捐杂税等，一项项地进行着。

这样的改革好啊，老百姓最拥护了。如果这场改革能顺利进行，说不定大唐会有再度兴盛的可能。但是改革必然会触及某些人的利益，这些人必然会想方设法阻止。就在这紧要关头，唐顺宗生病，竟然哑了，连话也说不出了，被迫禅位给他的儿子李纯。而且之后没过多久，唐顺宗就病逝了。很快，反对改革的宦官重新得势，并且开始打击改革派，把领头的八位大臣都贬出京城，打发到边远的地方去任职，而让他们担任的职务全是司马，这就是历史上有名的"八司马事件"。

其中，刘禹锡被贬为朗州（今湖南省常德市鼎城区）司马。

从永贞元年（805）到元和九年（814），刘禹锡在朗州整整呆了十年。真是来时风华正茂，去时容颜半老。

十年后，重新回到京城的刘禹锡，等待他的也不是风平浪静，依然是明涛暗流。他回京后写了这么一首诗，叫《元和十年自朗州至京戏赠看花诸君子》，其中说"玄都观里桃千树，尽是刘郎去后栽"，意为那玄都观中的千株桃树，我在的时候并没有，是我去朗州之后栽的。从诗的字面看没有什么不妥，但是细究一下隐含之意，是骂那一群趋炎附势的看花人。为此，才回到京城的刘禹锡，又得罪权贵了，再度被贬到连州（今广东省连州市）去当刺史。刘禹锡在连州干了五年后，又过夔州（今重庆市奉节县），然后到达和州（今安徽省和县）。

这时候，白居易和元稹都在浙江任职，刘禹锡在和州，三人相距不远。既然不远，怎么还不赶紧来到山好水好的江南，一起相聚叙怀呢？

那好啊，相约天目山！

说约就约，刘禹锡趁着秋收之后，民间安然无事，衙门公务轻松，加上秋天里天气清凉，连忙启程。轻车快马，从和县鸡笼山，赶到了於潜天目山。

从而也就有了篇首的《秋日送客至潜水驿》。

这首诗的大意是：驿馆的官吏在沙洲边等候，眼前有竹林溪水和农家房屋，只听得枫林里祭祀的社鼓声和茅屋前公鸡的打鸣声。麻雀在晚熟的庄稼地里叫唤，蝴蝶在秋草丛中翩飞。眼看距离驿馆越来越近，连一路奔驰而来，已经疲惫不堪的马儿，也高兴得连嘶几声。

刘禹锡的这首《秋日送客至潜水驿》被收录在民国《於潜县志》中，诗名为《潜溪馆》。因为天目山在於潜境内，刘禹锡的这首诗便也成为天目山文化的一部分。

想象当日，刘禹锡骑了快马，从和县出发，一路奔驰，从安徽过千秋关，进入浙江，来到了於潜。看眼前，满目都是青青竹林，林子的旁边小溪流水，有巨枫，有茅屋，有鸡鸣雀叫，好一派安宁平和的乡景。

从紫溪、浮溪等溪流的两岸，到天目山下，全是竹林、稻田与山林。可以说是溪水缓流，竹山连绵，稻禾青翠，草树茂盛，这正是天目山乡从古及今不变的面貌。

天目山乡，还有个名称，便是竹乡。

再说当年刘禹锡从西面来了，白居易和元稹分别从东面赶到，在苕溪边会合。老朋友相拥而笑，一同策马朝山里奔去，一直到达天目山脚下，解镫系马，步上石阶，一起去登那心仪的高峰。

这一定是一次令人开心又难忘的美好行程。

三位在职官员已经换去了官服，身穿青衫，头戴皂巾，在暮春夏初的时节，在这苍翠如烟的山间，拾级而上。面对这苍茫深幽的天目大山，因为在官场仕途上各遭挫折而心怀怒怨的三位友人，此时均暂时忘了身外事。心境平复了，心情好了，也就展开双目与胸怀，专心接纳这美山美景。

一路走去，只见草树幽绿，野花红艳，猿猴在悬崖峭壁间攀爬，还有几处青烟，在山涧中袅袅上升。在山路上偶尔遇上僧侣与道人，一一颔首示礼。遇上打柴的樵夫与采茶的妇人，也会笑脸打招呼。眼前这样的景致，十分深幽，是众多文化人向往的精神福地。

走了一路，一定腹中空空，来到山中寺院，素餐饱腹之后，便来到山中凉亭，喝一盏天目清茶，再看看这千峰耸立的壮阔山景。

是不是就在这里，刘禹锡说"莫道谗言如浪深，莫言迁客似沙沉"？也就是说，不要说什么那些诽谤人的坏话像江浪海浪波涛凶猛，也不要说他们这些被贬的官员就像沙子一样，从此沉没在浪涛中。

天目一聚，山亭一叙，还是要各奔前路。

晚年的刘禹锡生活在洛阳，与知己好友白居易、裴度、韦应物等人吟诗唱和，交游赏景，生活得比较清闲舒适。

会昌二年（842），刘禹锡卒于洛阳，享年七十一岁。

与白居易同年生，早白居易四年走，在当时也是仙龄高寿了。

"沉舟侧畔千帆过，病树前头万木春"（《酬乐天扬州初逢席上见赠》）。怀才却没能尽情施展抱负的刘梦得，以他伟大的诗文才华，书写了一个时代。虽然那个时代不再是繁华盛世，也不是朗朗乾坤，但是因为他们这些有才之士的抗争与咏吟，让日趋消沉的大唐巨轮有了不一样的文彩，直到今天也依然清晰，无比绚烂。

於潜有故人，何日君再临?

如果九天之上，先生魂魄有知，希望再看一眼，这天目山下，潜川与潜水间的红枫、竹林、田家、嗔噪的鸟雀、纷飞的彩蝶、日新月异的城乡……

以及一个雄伟的时代。

参考文献

1. 卞孝萱：《刘禹锡年谱》，中华书局，1963年。

2. 王雪梅：《空谷传响——刘禹锡诗歌创作与其哲学思想的表达新议》，《名作欣赏》2019年第35期。

3. 傅满仓：《浅谈刘禹锡诗的理趣》，《河西学院学报》第22卷第6期，2006年7月。

4. 江跃良主编：《临安历代诗词汇编》，团结出版社，2020年。

幽谷步月，辩才法师的旷达人生

岩栖木食已幡然，交旧何人慰眼前。

素与昼公心印合，每思秦子意珠圆。

当年步月来幽谷，拄杖穿云冒夕烟。

台阁山林本无异，故应文字不离禅。

——〔北宋〕辩才《和参廖寄秦少游》

在天目山盘旋的山路上，一位长衫束发的学士，看起来已经攀登很久了，嘴里喘着粗气，手下拄了根木杖，走到山腰时，停下脚步望向前面。前面是深山幽谷，还有山谷中宏大精美的寺院。在林木的掩映下，那杏黄色的院墙，赭红色的圆柱，青灰色的脊瓦，伴随着四周渐起的山烟暮岚，真是气象万千。

这时候，山门里走出一位老僧，眉须苍白，僧衣飘飘。他的身后，跟随着数位年轻的僧人。众僧走向山阶，越过山溪，朝前面走来，迎接远道而来的客人。

这寺院，在天目大山中，叫西菩寺，也称西菩提寺。从寺中走出来的老僧叫辩才，是西菩寺的住持。他的身旁，有同乡僧人参廖，也即诗僧道潜。他们迎接的来客，叫秦少游，也就是苏门四学士之一的秦观。

辩才，他是天目山人。

天目山在於潜县（今浙江省杭州市临安区於潜镇），辩才就出生在於潜城里的一户徐姓人家，他的原名叫无象。

这徐姓人家，在当地算是小富人家，平时乐善好施，遇有困难需要帮助的乡亲以及路人，都会想办法给予救济，所以被当地人称为善户。这徐家刚出生了一名男婴。家中添丁，是值得庆贺的喜事。就在亲友到来，一起欢喜地捧上新生儿庆贺时，有人发现，这个男婴有点奇怪，他的左肩上有块肉隆起来，而且这块肉上还有清晰的纹路，一数，整整八十一条，看上去就像和尚所披袈裟上的丝带。这时候就有老人说，这徐家小儿看来不简单，他说不定是高僧投胎转世来了，等小儿长大以后，他要是想进佛门，做父母的就不要阻拦，让他去修道礼佛吧。

徐无象在天目山下一天天长大，个头比同龄人颀长，容貌清秀，天姿聪慧，喜欢读书，而且有事没事，总喜欢往寺院里跑。父母把孩子的行为看在眼里，虽然心中舍不得，但也相信之前老人说的话是对的，这孩子有佛缘，家里是留不住他的。也就在徐无象十岁的时候，父母把他送到了离家不远的西菩寺，让他做了一名佛家弟子，取法名为元净。

至于辩才这个法名，是后来皇帝钦赐的。

辩才出家的这西菩寺，在西菩山。西菩山是天目山系中的一座山，位于於潜镇西十八里处的更楼村。西菩山中，东西两侧各有一座高大的山峰，就像两块巨大的翠绿色屏风。山谷中，清澈的山泉从上峰流下来，淙淙有声。山坡上全是桃树、李树，一到春天，一片绚烂。

山间还有两个水池，清澈的池水中映照出绿树青峰，映照出蓝天白云，非常美丽。所以有诗人曾经称赞西菩山是"居者忘出，游者忘归"，也就是说居住在西菩山的人不想出山，来到西菩山游玩的人也不想回家了。

据说西菩寺创建在唐朝，当时有位叫道志的和尚出门云游，来到了西菩山，一看这里的美景，再也舍不得离开了，便通过化缘和当地人的资助，在山中盖了间小庙，定居下来修行。

到了唐末五代十国时，临安人钱镠创建了吴越国，当上了吴越国王。在他的经营建设下，吴越国实力与财力都十分丰厚，成了当时最富饶的国家。钱镠当然要建设国家、建设家乡，而且他本人也信仰佛教，便在西菩山中建起了寺院。吴越国所建的寺院当时叫明智寺，因为地处西菩山，也就习惯叫西菩寺。

辩才来到西菩寺，进入这世外桃源一般的法门静地，从一个小沙弥开始，扫地挑水，敲钟念经，一步步成长。辩才的第一位法门师父叫法雨禅师，也是天目山人，是一位修业深厚的高僧。在法雨禅师的精心栽培下，辩才的学业进步很快，到了十六岁，就落发受戒，正式成为佛家弟子，并且开始为众生讲法。

十八岁的时候，为了学得更多的知识，辩才在师父的支持下，走出了西菩寺，来到杭州，进入上天竺寺，师从寺里的高僧慈云法师。在慈云法师的引领下，辩才开始学习天台教义。天台教义是以《法华经》《大智度论》《中论》为依据，吸收各宗派思想，融汇贯通之后创立的一个思想体系，因为创始人智𫖮住在浙江天台山，所以就叫天台宗。

辩才在名师指点和自己多年的学习和努力下，后来成为佛教天台宗历史上的一名高僧。

辩才二十五岁的时候，已经是法事讲坛上的一位知名僧人，名气很大，可以说是名震吴越，声动京师。全国各地都知道杭州有位叫元净的法师。就连深宫中的皇帝宋神宗，也听闻了他的业绩和德行，特意把他召到京城，让他讲学。皇帝听了他讲学之后，除了赐给他紫衣袈裟，还赐了"辩才"这个法号。

辩才之后在上天竺寺主持法席，传经讲法。辩才讲法，不仅白天讲，晚上也讲，因为他希望除了讲给人听，还能讲给鬼怪听。白天人多，怕鬼怪不敢靠近，晚上讲，可以让更多的鬼怪来听。他希望孤魂野鬼也能知晓法理，不要做害人的事。

辩才法师讲法讲得太好了，以至东南地区的人大量涌来听讲，有的还请求皈依在他门下。为了满足众人的需求，有足够容纳众生的空间，辩才法师带领寺中僧人和信男善女们开山辟地，广建殿宇。

在杭州，辩才法师曾经住持大悲宝阁院，但更多时间还是在上天竺寺。但是后来，他又离开上天竺寺，回到了家乡的西菩寺。

辩才法师为什么回到家乡？

他回到天目山，不是功成之后的隐退，也不仅是思恋故土，而是跟一个人有关，这个人，便是当时的知名大学士苏轼。

"不辞清晓叩松扉，却值支公久不归。山鸟不鸣天欲雪，卷帘惟见白云飞"，这就是苏轼当初拜访辩才法师时写下的诗作《书辩才白云堂壁》。诗文的大意是：我不怕辛苦起大早就来到上天竺寺见您，但您却出门了，很长时间都不见回来。山鸟的声音都听不到了，看来要下雪了。卷起窗帘看外面，只看见天空中的白云在飘飞。

等到辩才法师与苏学士见了面，两位有学识也有见识的人，一番谈论之后，都觉得一见如故，相见恨晚，很快成了知心好友。据说辩才法师除了道行高深，还有很高的医术。当时苏轼的次子苏迨出生后体弱多病，到了四岁还不能走路，虽然家人想方设法医治，却一直没能见效。辩才法师就让苏轼把孩子带来，由他亲手医治。结果孩子经过他一番治疗和调理，很快就下地走路了，还奔走如鹿。

辩才法师因为医术高明，寺院周边的天目山的父老乡亲，以及慕名而来的人们，如果患上疾病，都会找法师医治。而辩才法师总是来者不拒，而且极少收取医药钱，对穷苦的百姓更是分文不取。

但是，这样一位道行高深又十分善良，品行无可挑剔的僧人，却偏偏还有些心胸狭隘甚至心术不正的人，要来跟他过不去。

苏轼，因为他过于优秀的才华与过于耿直的性格，遭到了众多政敌的打击与排挤。辩才法师因为与苏轼交好，也受到了牵连与打压，不久后被迫离开上天竺寺，回到了家乡，回到了清静安宁的天目山中。

辩才法师重返西菩寺之后，苏轼、秦观、秦湛、黄庭坚等当时文坛上名声如雷贯耳的大家们，全都往浙西临安跑，往天目山跑，拜访法师，并顺道游览天目美景。

天目林海

因此，他们留下了大量与天目山有关的诗文佳作。

篇首的《和参廖寄秦少游》，是辩才法师与秦观唱和互赠的诗作。

这首诗的大意是：我在山间居住，吃粗粝的食物已经很坦然了，与什么人交往何必只看眼前。我与唐代诗僧皎然大师一样，心中对世事十分明了。每次想到秦先生你们，我都是满心愉悦欢喜。想当年你来到深山看我，拄着手杖站在山间，就像神仙穿越云烟而来。这山林庙宇本来与世间的所见没什么不一样，因为有了禅意，也就与众不同了，所以我认为，一篇好的文章，其中也一定是离不开禅意的。

如果把这首诗与天目山的自然景观结合起来，眼前便出现这样的场景：在苍茫幽深的天目山中，猴子在岩壁上攀援，飞鸟落下来，停留在树枝上，发出清脆的叫声，身着僧袍的年轻出家人，在石阶上飘然而过。夕阳从山巅落下去，皎月随着山影云天慢慢地升起来。年老的出家人在年轻人的陪伴搀扶下，拄着一根木杖，在明净的月光下，一步一步踱着。而高山巨峰的形影，与庙宇殿堂的剪影，重叠又迷离，如真似幻。

而这一切，便是禅意。

天目山，正是禅宗名山。

天目山中的这位禅宗大师辩才，以他在天目山的所见所闻，结合他的所思所悟，创作了一首首意境开阔、禅思独到的诗篇。对自己的作品，法师很谦虚，总是说写得不好。但是苏轼对他诗作的评价，却是相当高的。苏轼说他自己和道潜写诗，就像绣娘绣花，是一针针绣的，下足了功夫，精工细作，这样的作品从文字来看虽然极致，但不免留下人工雕凿的痕迹，少了些自然美；而辩才写诗，就像风吹过湖面，湖面上的水波轻悠缓慢地荡漾开来，天然去雕饰，是最朴素又优美的佳作。

所以说，辩才法师是从天目山中走出的一位教宗高僧，也是一位情感丰富的诗僧。

在辩才法师身边，拜他为师，在他名下修业的，还有一位很有名的天目诗僧，叫道潜。道潜与辩才，都与苏轼交好，这在后面的文章里还要详述。据史料记载，辩才年长苏轼二十六岁，道潜小苏轼六岁。

辩才法师离开了上天竺寺，曾经香火鼎盛、法场浩大的寺院，一下子冷清了。因为寺中的僧侣与信男善女都是冲着高僧辩才法师来学习和皈依的，没有了高僧，再听不到抵达心灵的莲音妙语，当然就失去了希望，寺院也就萧条了。"道人出山去，山色如死灰。白云不解笑，青松有余哀"，诗句出自苏轼的《闻辩才法师复归上天竺以诗戏问》，写的就是辩才法师离开后，上天竺寺的情景。得道高僧离去，草也不绿了，云也不笑了，连青松也在哭泣，满眼一片死僵哀伤。后来在僧俗众人的强烈要求下，由官方出面，请求辩才法师再次走出天目山，来到上天竺寺做住持，希望他能把眼看要冷清荒败下去的寺院，给重新提振起来。众情难却，辩才法师重出天目山，又来到了上天竺寺。

"师去天竺，山空鬼哭。天竺师归，道场光辉。"

这句话，是辩才法师的好友，当时的朝廷大臣赵抃说的。意思是：辩才法师离开天竺寺后，天竺山都空了，连山鬼都伤心哭泣。如今法师回来，整个寺院道场一下子又恢复光芒万丈了。

后来，辩才法师到了古稀之年，日益衰老的身体，让他实在承受不了寺院里繁重的事务，便提出想找一个僻静的地方隐退，安安静静地度过人生中脆弱苍茫的晚年。他没有回家乡的西菩寺，因为西菩寺同样香火旺盛，人往客来，他已经不堪其重。后来就找到了西湖南山龙井一间完全荒废的寺院，叫寿圣院。辩才法师来到寿圣院，只见寺院的屋顶都坍塌了，他就在顶上盖了点茅草，住了下来。一代禅宗大师住在荒庙里，独自坚守着青灯古佛，十分艰苦。后来苏轼等人知道了他的状况之后，出资修缮了寺院，条件才有所改善。

辩才法师道行高深，长年持斋律行，身心都得到了很高的修养，自然成就了一副仙风道骨的模样，所以苏轼在诗里赞叹道："中有老法师，瘦长如鹳鹄。不知修何行，碧眼照空谷。见之自清凉，洗尽烦恼毒。"也就是说身形瘦长的辩才法师，就像翱翔九天的鹳鹄，不知道他修了什么深厚的道行，一双碧幽的眼睛能照明一切，连凡夫俗子见了他，也觉得自己身上一下子轻松干净了，就像沐浴春风，洗除了所有的烦恼与忧愁。

辩才法师就坐化圆寂在龙井寿圣院，道成功就，吉祥而逝，终岁八十一。

想大师当年出生时，肩上的条纹也是八十一条，与寿龄竟然相合，实在是巧事。

大师西去后，天目悠悠又千年。

遗憾的是，在史料与诗歌中无比宏壮兴盛的西菩寺，在动荡的年月里被摧毁了，湮灭在沉厚的时光尘埃之中，再不见一砖一瓦。

如果有一天，在天目山中，昔日的风华能再起该有多好。西菩山如屏的双峰下，苍翠的古木掩映着黄墙红瓦。一道道山门开启，从门间，僧衣飘扬的辩才法师踏步走来。

而东坡居士正在山腰间颔首微笑，少游学士拄着根手杖，还在半道上喘气。

天目吉祥。

参考文献

1. 江跃良主编：《临安历代诗词汇编》，团结出版社，2020 年。

2. 李俊：《释道潜研究》，博士学位论文，华东师范大学人文学院，2008 年。

3. 钱时霖：《辩才招待赵抃的是小龙茶》，《中国茶叶》2013 年第 3 期。

4.〔北宋〕苏轼：《苏东坡全集》，北京燕山出版社，1999 年。

钱王故里，让苏学士深情相待

其一

推挤不去已三年，鱼鸟依然笑我顽。

人未放归江北路，天教看尽浙西山。

尚书清节衣冠后，处士风流水石间。

一笑相逢那易得，数诗狂语不须删。

其二

路转山腰足未移，水清石瘦便能奇。

白云自占东西岭，明月谁分上下池。

黑黍黄粱初熟后，朱柑绿橘半甜时。

人生此乐须天付，莫遣儿曹取次知。

——〔北宋〕苏轼《与毛令方尉游西菩提寺二首》

苏轼来到天目山的时间，是熙宁七年（1074）的夏末秋初。

熙宁，是宋神宗赵顼使用的年号。这熙宁七年，是北旱南蝗的大灾之年，从前一年的秋冬开始，全国多地都没有下过雨，土地干裂，风卷沙尘，人畜的饮水都发生了困难，而蝗虫铺天盖地，所到之处，连草根都不剩。

天目秋色

　　杭州所在的江南地区，受了蝗灾。在杭州担任通判的苏轼，也便从杭州官邸出发，来到所辖的临安、於潜等地区，察看当地的灾情。

　　苏轼原本在京城任职，因为与朝中同僚政见不合，每每受到排挤，从而被迫离京，来到杭州担任通判。所谓通判，是指州府掌管粮运、水利和诉讼等事项的官员，对主政的官员既辅佐又监督，职位次于地方主政官员，如果说知州、知府是地方政府的一把手，那么通判就是二把手，相当于今天的市长吧。不过苏轼这位二把手，是朝廷直接派遣的，权力应该更大一些。

　　苏通判来到辖县之后，在当地官员的陪同下，深入田间地头察看灾情。看过之后发现，在临安、於潜这些地方，蝗灾已经过去了，受灾的情况也并不十分严重。看眼前，在这片山青水绿的沃野上，依旧呈现着富庶安宁的景象。再看生活其间的乡民百姓们，也都像往常一样耕作收获，安居乐业。对于这样的民生景象，身为父母官的苏轼，那是看在眼里，喜在心里。因为心头高兴，看看时间也还早，便不着急回杭州，决定趁机去趟天目山。

苏轼在百忙之中抽空奔往天目山，倒不是为了忙里偷闲去游山玩水，而是赶往山中探看一位故人。这位故人，便是天目高僧辩才法师。在辩才法师的章节里介绍过，他在天目山西菩提寺出家，修得高深道行后，曾出山来到杭州上天竺寺做住持。苏轼来到杭州后，倾慕辩才法师的才学与声名，特意到上天竺寺拜访。首次到访的时候碰巧辩才法师外出了，访师不遇，便在墙壁上题了首诗："不辞清晓叩松扉，却值支公久不归。山鸟不鸣天欲雪，卷帘惟见白云飞。"诗文的大意是：我起大早来拜访法师，却碰上法师外出了，等了许久都不见尊者回来，听听寺外鸟都不叫了，怕是要下雪了吧，掀开门帘，倒看见天上还飘着悠闲的白云。之后，苏轼终于见到了辩才法师，两人身处两界，却都身怀大才，目有远见，自然十分投缘，从此结为了知己好友。

因为苏轼才学过人，为人率真，不迎合时势，以致在政坛树敌不少。而辩才法师因为与苏轼交往，也成为苏轼对手攻击的对象。这些心胸狭窄的人，让一个出家人都不得安生，要把他从所在的寺院逼离。辩才法师离开上天竺寺后，便回到了家乡天目山。

苏轼无疑满心牵挂着知友，来到天目山乡，便抽空奔向天目山，去看看法师的现状。在於潜县令毛国华和县尉方武的陪同下，他快马加鞭，直奔西菩提寺。

先说一下这位令苏轼刮目相看的於潜县令毛国华。

毛国华，字君宝，出自浙江衢州江山的毛氏家庭。

这江山毛氏家族是当地的名门望族，据说是曹魏尚书毛玠的后裔。毛国华进士及第，很有才干，政绩斐然，在百姓中有很好的口碑，而且他为人正直清廉，和苏轼的性情一样，爱憎分明，不善于在官场中逢迎拍马、颠倒黑白，所以也就得不到升迁重用，一直在底层做官。在担任於潜县令时，他已至晚年。

一行人在去往天目山行途上，不免观景吟诗，苏轼就留下了篇首的《与毛令方尉游西菩提寺二首》。

这两首诗的大意是：（任凭对手怎么算计）我在杭州的职位上被人挤兑不了，已经干了整整三年了，我这样的心态，是不是鱼鸟都会嘲笑愚顽过头。没有让我回归都城，是老天有意让我把浙西的山水好好游遍。毛先生品节清正，是曹魏著名尚书毛玠的后人。方先生宛如唐朝高人方干，徜徉在水石间多么闲雅风流。和他们相逢，友情尽在一笑之间，多么令人开心。即兴吟诵的诗篇，不必细究字句是否工整。

苏轼和毛国华意趣相同，所见也略同，虽然在官场中是上下级关系，但在生活中无疑是真心相交，成了知心好友。与苏轼交往之后，毛国华与苏轼的朋友门生也都成了朋友，如晁补之、辩才、道潜等人。其中晁补之在游过天目山后，还专门写了首赠送给毛国华的诗，即《苕雪行和於潜令毛国华》，其中有云：

溪水湾环绕天目，山间古邑三百家。
日出隔溪闻打衙，长官长髯帽乌纱。
不曾执板谒大尹，醉卧紫兰花影斜。

诗句大意是：清幽的苕溪水流环绕着天目山，山水间有座古城，便是於潜县城，城中有民居三百家左右。太阳升起的早晨，隔着苕溪听到县衙中开堂办公的击鼓声，那县衙里的长官毛县令有着长长的髯须，头戴乌纱帽，从来不用手拿笏板去谒见大官，公事完了，尽可能随心所欲地喝点小酒，喝醉了就躺在花架旁，直到日向西山，紫兰花拖起长长的斜影。

从诗中可以看出，这天目山乡，一定是民风淳朴，少有纠纷，而毛县令在这里做官，平日里也是够清闲的。这位性情高古的县令，有了闲暇，不是去想办法投机钻营，而是放松心情，安静地享受这份人生惬意。

苏轼进入官场后一直受到排挤打压，心里肯定是抑郁的，有了毛国华等人的示范与劝慰，心情一定舒展了不少。

据说他们一行人在去往天目山的路上，除了作诗，还互相联对。苏轼先作了上联，他说："方圆鼓，敲上更楼，太阳升矣。"其中的方圆、更楼、太阳，就是於潜的三个村镇，结合一起，层层递进，有景有意，十分有趣。毛国华当然也是才思敏捷，马上对出了下联，他说："藻溪鱼，跳过横塘，化龙去也。"这藻溪、横塘、化龙，也分别是临安到於潜的三个地名，合在一起，自然天成。这由苏轼和毛国华一气呵成的上下双联，既工整又生动，从此在天目山乡传开了，口口相传，一直到今天也被当地人视为美谈。

一行人说说笑笑，到了天目山。

在天目山一路往高处走，到了山腰间，往下看，好像脚没有移动过，眼前清澈的山泉、嶙峋的石峰，实在是奇异。头顶处，白云自在地飘荡在东西的岭头。看下面，那明月池谁知道是上面的池还是下面的池。他们来时，庄稼地里的高粱刚刚成熟，柑橘还没有全熟。这样的人生快乐之事，是老天赐予的，应该让后辈们也早早领受，不要很晚才明白其中的人生道理。

这西菩提寺所在的山，是天目山中的西菩山，也称仙人岩，山中是群峰交错，山回路转。山间除了西菩提寺、双峰堂，还有清凉池与明月池。这清凉池与明月池，即苏轼诗中的上下池。据说这西菩山中的西菩提寺造工精致，在四周绿树碧池的映衬下，无疑是最美的佛境。

苏轼的命运无疑是多舛的。当年他与弟弟苏辙，都年纪轻轻考中了进士，还被天子誉为朝廷将来的栋梁之材。但是苏轼文人习气，不肯屈就权势，结果把朝中同僚都得罪光了。在当时，不管是以王安石为首的革新派，还是以司马光为首的保守派，都把苏轼看作眼中钉、肉中刺。

结果，苏轼在元丰二年（1079），也就是来过天目山之后，离开杭州的第五个年头，便经历了差点要了他性命的"乌台诗案"。之后兜兜转转，在元祐元年（1086），苏轼再次来到杭州，出任知州。

苏轼之所以对临安情有独钟，刮目相看，除了临安有青山绿水，有他的知己好友，还有位让他无比敬重的人。这位让苏学士无比钦敬的人是谁？是钱镠。钱镠，吴越国开国君主，他是杭州临安人，曾经"一剑霜寒十四州"，创立吴越国，定都杭州城，并且把吴越国建设成为富裕之邦，把杭州建设成东南第一州。当然，苏轼来到杭州的时候，钱镠已经作古百多年了，吴越国也已经在钱镠孙子钱俶的引领下，纳土归宋，成为大宋国土中的一部分。

但是一位古人，说起来也不过是一位诸侯小国的国王，为什么能让后世有学之士十分地敬佩呢？敬佩他什么？敬佩到什么程度？这些疑问，都能在一篇碑文中找到答案。

这碑文便是千古名篇《表忠观碑》。

且看文中内容："而吴越地方千里，带甲十万，铸山煮海，象犀珠玉之富，甲于天下，然终不失臣节，贡献相望于道。是以其民至于老死不识兵革。四时嬉游歌鼓之声相闻，至于今不废……"

这段文字的大意是：吴越国辖地有方圆千里，拥兵十万之众，依山傍海，拥有的宝物财富为天下最多，却始终不改变君臣礼节，不断向中原朝廷进献贡品，从而使得吴越国民到老到死都没有被卷入战争，可以时时敞怀游乐，处处歌舞升平，这样的情景，直到今天都没有改变。

吴越国王钱镠，把自己的辖国经营得富庶强大，却没有称霸一方，始终认中原朝廷为正朔，从而避免了战争，让子民众生受益，也让杭州保持了多年的稳定与繁华，实在是位既有能力又明智的先贤，古今难得啊！

钱镠具备古来少见的胸怀与见识，德高齐天，功彪千秋，能不叫人敬佩吗？所以，苏轼对钱镠可以说是佩服至极。

也因此，爱乌及屋，钱镠的故里临安，以及临安的山山水水，苏学士可以说是统统踏遍，以情相待。临安这个山清水秀的好地方，也就留下了苏学士太多的足迹与诗篇，如《於潜女》《赠於潜令毛国华》《过岭》《赠岭上老人》《山村五绝》等。

看看这首《於潜女》：

> 青裙缟袂於潜女，两足如霜不穿屦。
> 觟沙鬓发丝穿柠，蓬沓障前走风雨。
> 老濞宫妆传父祖，至今遗民悲故主。
> 苕溪杨柳初飞絮，照溪画眉渡溪去。
> 逢郎樵归相媚妩，不信姬姜有齐鲁。

诗文的大意是：青裙白衣的於潜女子，两只脚雪白，却不穿鞋子，用一柄银栉绾了发髻，蓬发垂在额前，随着风雨摆动。这些妆饰都是从吴越国留传下来的吧，所以这里的人们，至今还深深怀念着先前的好君主钱镠。苕溪边杨柳青青，絮花纷飞，於潜女对着溪水画一画眉毛，就赤脚渡水过河了。上岸时刚好碰到了砍柴归来的丈夫，便在丈夫跟前轻柔地撒娇。天目山下的於潜女如此明媚，才不信贵族之家的女子比她们更出色。

这首《於潜女》，无疑是苏轼留给於潜女子，留给天目山，留给钱王故里最珍贵的礼物，永世不朽。

苏轼再次离开杭州之后，到了颍州（今安徽省阜阳市颍州区），再到扬州（今江苏省扬州市）、定州（今河北省定州市），接着被贬去惠州（今广东省惠州市），最后竟然被贬往最荒凉的儋州（今海南省儋州市）。据说在宋朝，官员被贬去儋州，那是仅比满门抄斩罪轻一等的处罚。所以说，苏轼的贬黜之路，也算是走尽了，一直走到了天涯海角。

再把目光投回天目山吧，看这青山绿水的乡野间，聪慧又灵巧的於潜女子，早已换下了青裙缟袂，穿上了更明艳好看的服装。她们，以及她们的家人，用勤劳的双手，在田野间种植了大片的竹子，在坡地上开辟了一处处的果园。她们灵巧的双手，不仅握得了锄头，还捏得了针线，飞针走线，纺绸织布，把日子过得一派红火。

看这苕溪畔的杨花柳絮，依然飘飞如雪。

也如诗。

参考文献

1.《二十四史》编委会编：《二十四史·宋史》，线装书局，2014 年。

2.〔北宋〕苏轼：《苏东坡全集》，北京燕山出版社，1999 年。

3.江跃良主编：《临安历代诗词汇编》，团结出版社，2020 年。

4.杨小莉：《简论苏轼的个人魅力》，《陕西职业技术学院学报》2005 年第 3 期。

道潜，至情至性的天目诗僧

秋山夜来雨，云气朝尚昏。
禅庭无来辙，但见落叶繁。
石室暗灯火，天容开霁痕。
耳目思远适，旷然启曾轩。

——〔北宋〕释道潜《秋日西园》（其五）

说到道潜，可能很多人不清楚。说到诗句"五月临平山下路，藕花无数满汀洲"，可能就有许多人知道了。特别是杭州人，一定会说：这写的不就是余杭吗？可不是，如果说杭州的代言诗是"江南忆，最忆是杭州"，以及"日出江花红胜火，春来江水绿如蓝"等，临安的代言诗是"天目山垂两乳长，龙飞凤舞到钱唐"，那么余杭的代言诗，应该就是道潜的《临平道中》。

然而，很多人不知道的是，为余杭代言的诗僧道潜是临安人，是天目山人。具体说，道潜是天目山下浮溪村人。

浮溪村，也称为浮村。这个溪名的来历，史书中是这样记载的："父老相传，大历中俱胝道者过此，适溪流泛溢，以净巾浮渡，故曰浮溪。"（《咸淳临安志》）

天目山

这话的意思是说，据当地相传的说法，大历年间，有位修行人路过这里，不巧遇到溪水漫溢，便用手巾漂浮过溪，所以把这条溪定名为浮溪。至于浮溪所在的具体位置，又是这样记载的："浮溪在县治（今临安区於潜镇）西二里，源出天目山，一名锦江，阔五十二丈，深五尺，经县南，合众为紫溪。"（《读史方舆纪要》）也就是说，浮溪是从天目山中流出的一条溪流，经过原先的於潜县城，汇入紫溪。

依据这些信息，可以得出，浮溪是於潜西面的一条河流。而浮溪村，就是浮溪流经的一处村庄。道潜，就出生在浮溪一户靠耕地为生的农户家中。

看这天目山间，那是一眼望不到边的连绵大山，山上到处是葱郁的古树，从山上下来的溪水，清澈又和缓，绕着山涧静静地流淌。山溪的两旁，有参差的田地，有桑林，有茶园，还有一处处村落。村落中的房屋大都低矮，有砖瓦房，更多的是茅草房。走进村子，会听到唆唆的声音传出来，是织布声。织机前，妇人穿着青色的裙子和白色的上衣，绾着乌黑的头发，发间插一支银栉，一双灵巧的手，在机杼间忙碌。

这便是天目山乡的耕织图景吧，也正是何昙潜出生与成长的故乡。

再说何昙潜，他一天天长大，是个非常有灵性的孩子，喜欢读书识字，往往过目不忘。只是呢，这孩子与别的孩子有着不一样的地方。别的孩子，在长身体的时候总是特别爱吃东西，特别是肉这样的荤腥菜肴。哪个孩子要是几天没碰到荤菜，看见肉口水都会流得老长。可是昙潜不喜欢吃荤菜，吃饭的时候，别的孩子抢着荤菜吃，他却专挑素的吃。

到了上学的年龄，家里省吃俭用，供昙潜上学读书。昙潜比同龄人好学，在先生的开导下，先学开蒙篇，再读四书五经。昙潜非常聪灵，不仅学业上优于同窗，而且早早就能作诗，所作的诗，诗意非常清新，透着江南山乡特有的灵气。

但是呢，昙潜这个孩子真的很奇怪，除了喜欢吃素食，他还喜欢往寺院跑，特别是西菩山中的西菩寺，去了就不舍得回来。这时候的西菩寺里，正是辩才法师在住持，平日里坐席讲法，四周的乡民以及远道慕名而来的僧众挤满了殿宇。少年道潜就挤在人群中，专心致志地听法师讲法，听得有滋有味。

想当年何家的父母，一定希望孩子饱读诗书之后，去博取功名。不说金榜题名，就算中个举，甚至考中个秀才，都是好的。可是呢，眼看何昙潜渐渐长大成人，读了一肚子文章诗书之后，却压根不去争取功名，并且竟然不想娶妻生子，而是一心要去寺庙，说是想皈依佛门，用一辈子来守护青灯古佛。

或许，一个人的来与去、取与舍，都是缘分吧。该往哪条路上走的，也就迟早会走哪条路。不知道何昙潜是怎样冲过家人阻拦的，反正在他年纪轻轻的时候，就走出了家门，进入了佛门。他出家的寺院正是西菩寺，他也成了辩才法师门下的弟子。

何昙潜便脱去俗姓，成了释昙潜，后来才改名为道潜。

入了佛门，他每天诵经悟禅、晨钟暮鼓，过着清心寡欲的修行日子。但道潜是诗文高手，他会把自己的禅悟写进诗句里，以诗文的形式，让世人领悟。道潜也就成了远近知名的一位诗僧。

道潜长期在天目山修行，创作了大量与天目山有关的诗文，如《晓发苕溪将次径山呈通判廖明略学士》《次韵才仲山行》《梅花》《涤轩》《松轩》《蒙泉堂》等。

篇首的《秋日西园》也是他创作的。此诗的大意是：秋日里居住在山上，下了一夜的雨，早上一团雾气，像黄昏一样，寺中没有车马来到，只见地上铺着厚厚的落叶。石室昏暗，点着灯火，等待天空中的浓云散去。虽然心头惦记着远方，但还是走到日居前，打开门窗。

再看看《晓发苕溪将次径山呈通判廖明略学士》：

> 明星耿耿出天东，结束篮舆伴我公。
> 蔼蔼梅香侵晓陌，斑斑旗脚转春风。
> 胜游此日尘埃外，回首他年梦寐中。

绝景小诗难壮观，当看醉笔吐长虹。

这首诗，是道潜给廖明略的赠诗。廖明略也是宋朝有名的学士，与苏轼、黄庭坚等人都有较深的交情。而道潜写这首诗的时候，正从天目山出发，沿着苕溪，去往径山。还没到达径山呢，诗作已经完成了。

这首诗的大意是：天微亮就出发，准备好轿舆与相公同行。山路上闻着淡淡的梅香，春风吹扬起野外的旗幡。游玩的时日里忘却了凡俗，只是如今再回首，一切又恍如在梦中。我路上所草就的小诗不堪入目，而你酒后的佳作，才是世间难见的长虹。

还有《次韵才仲山行》：

幕府文书一扫空，何妨行乐醉春风。
想闻笑语千山外，正在烟云万叠中。
弄日鸟声喧细碎，照溪花影静玲珑。
苦吟只恐凋肝肾，夫子还宜少黜聪。

司马樗，字才仲，是司马光的侄子，曾经担任钱塘县尉。他来到天目山后，与道潜一番诗文交流，结为了好友。

这首诗的大意是：幕府中的公事全办完了，不妨趁着春光来天目山游玩。我很想听到你的笑语，只是身在深山，眼前只有重重山烟云雾。在这天目山里，满耳是细碎的鸟叫声，山花伫立在清溪边，让人不免替花影感到寂寞孤单。老是作诗写文章会影响身体，司马老师你还要记得韬光养晦，多多保重。

或许，大多数人会认为，一位出家人，就算满腹才华，也就写写诗，与志同道合的友人相互唱和，再就是读经颂佛，陪伴着天目山中的晨光暮色与烟云飞鸟，风平浪静地度过他漫漫修行的一生。

然而，熙宁四年（1071），到达西菩寺的一个人，给道潜的人生带来了撞击，甚至可以说是冲击。当然，相逢之初他或许并不知道，原本一眼可以望到底的修行之旅，从此有了不确定。他更不知道的是，这次相逢会让道潜这个名字与所作诗文，在其业成圆寂之后，没有化为一片火光烟影，而是在史簿中留下了一角。

这位到访者，便是苏轼。

说起来，这位苏大人既是父母高官，又是当时文坛上耀眼的明星，怎么就与一位寺院僧人结成了生死至交？

这是因为他们不仅都是诗文中人，而且他们有位共同的好朋友——辩才法师。

苏轼仰慕辩才法师深厚的道行，起大早去白云堂拜访，辩才法师对苏轼的才学也是十分赏识赞叹，他们二人先结下了深情厚谊。而道潜追随辩才法师，自然也就与苏轼有了结交的机会，互通诗文，互通心款，也就惺惺相惜。

苏轼对道潜的诗作十分欣赏，认为道潜和他一样，作诗都是精工细作，就像绣娘一样千针万针细细地绣花，不遗余力。他最欣赏道潜的这首《临平道中》："风蒲猎猎弄轻柔，欲立蜻蜓不自由。五月临平山下路，藕花无数满汀洲。"这首诗的大意是：风与蒲叶互动的时候，面上听着猎猎风响，底里却是轻柔的，蜻蜓想停留在蒲草上，却不能自在地站稳。五月从临平山下经过，只见塘里洲里一片红火，到处绽放着藕花。

苏轼评价这首诗：诗句清丽绝俗，与林逋不相上下。而且说道潜是出家人，在道义上更加通达了悟，读后让人不由地心生敬意。

说道潜与大诗人林逋比较不相上下，可以看出，道潜写诗的水平真的是非常高。

当然，能够让苏轼与道潜这两位僧俗友人相见恨晚、结为至交的原因，除了诗好，肯定还有人品，也就是为人处世的态度。苏轼，那是宁为玉碎，不为瓦全，顶着霜雪，也要傲立人间，做一名铁骨铮铮的文士。而道潜，胸怀诗情，却远离滚滚红尘，守住洁净的殿宇与心灵，同样是圣僧。

他们以及辩才法师等人，从此一起踏水寻山，一起灯下论道，一起吟诗唱和，不离不弃，相伴相依。就好比是峨眉山的青松与天目山的雪杉，互抱相拥了。

道潜有了苏轼这位知音，他的诗意人生中也就有了不一样的明耀。他在这一时期留下了许多诗作，并且大多是与苏轼有关的，如《访彭门太守苏子瞻学士》《和子瞻赠岭上老人》《吴兴道中寄子瞻》等。从一首首诗作中可以看出，道潜不仅诗情洋溢，还有友情荡漾。

而把他昙潜的本名改为道潜的，也正是苏学士。苏学士或许因为早年入道观学习，对"道"字独有情钟，也或许认为昙潜已经入道悟道，就帮他改名为道潜。这一改，世人只知道天目山有位道潜大师，很少有人知道曾经的昙潜和尚了。

再说苏轼离开杭州之后，还被贬去黄州，而道潜就追随去了黄州。想苏轼在黄州的时候，因为俸禄被削减，家计艰难，只好在东坡上开荒种粮养活家人。可以想象，道潜在黄州的日子，也是艰辛的，当然出家人苦行苦修，能够做到以苦为乐，以苦为甜。

是不是可以这么说：真正在三生石上刻下名字的生死好友，在对方光彩闪耀的时候，自己或许会主动撤离，遥望祝福，而在对方患难时刻，一定是不离不弃，并肩同行？

道潜对苏轼，就是这样情深意重。

所以当苏轼被流放去最偏远的儋州，道潜也义不容辞要去儋州陪伴。苏轼清楚，到了天涯海角，比黄州还不知道要艰难多少倍，于是特意写信，不要道潜跟随。可真正让道潜没有去成儋州的，并不是苏轼的劝阻，而是身不由己。

一个出家人，无牵无挂，四海为家，怎么会身不由己？

当然，若是泰山压顶，自是无力违抗了。

苏轼的政治敌手对苏轼恨得咬牙切齿，不仅拼命弹劾他，让他不停流放，而且还不解恨，就连同苏轼交好的人也不放过。把辩才法师从杭州上天竺寺赶走之后，连同道潜，他们也要狠狠地整。

整人，总要揪出个由头，像道潜这样的出家人，不管品德还是为人，真可以说是白璧无瑕了，能有什么由头供人家揪？但终于还是被有心找碴的人找到了一点瑕疵，说他度牒上的名字叫昙潜，不叫道潜，是个冒名作假者。这度牒也叫戒牒，是官府发给和尚、尼姑的身份证明文件。而道潜，他的法名原本就叫昙潜，是与苏轼结交后，苏轼为他改名为道潜的，而度牒上的名字，并没有及时更换。这又不是什么秘密，用不着弄虚作假。但是人家想要在鸡蛋里挑骨头，好不容易挑到了这么一根，哪里肯放过？道潜就因为"假和尚"的罪名，被官府发配到了山东兖州（今山东省济宁市），还勒令他还俗。

勒令一个出家人还俗，这样的惩罚，比砍掉他的脑袋轻不了多少。可以想象，在修行路上走了很多年的道潜接受命令之后，内心是何等的无奈与煎熬。但是，他忍下来了。促使他坚忍的原因与动力，一定不是蝼蚁尚且惜命的苟活念头，更多是对那位前路苍茫的友人，死了也放心不下的牵挂吧。

直到建中靖国元年（1101），也就是苏轼病殁的这一年，道潜才得到朝廷的批准，受诏复还。也就是允许他离开兖州，回到家乡故地，回到天目山。之后，他被许可重归山门，也就是允许他依旧削发为僧，继续做个修行人。

崇宁三年（1104），道潜还受到朝廷封赐，获赐"妙总大师"的名号。

然而，最敬重牵挂的友人，已经不在了，从此他道潜的人生，是不是也就空了？

斯人已远，人间空旷。

再看道潜悼念苏轼写下的挽词："篮舆行处依然在，

莲社风流固已衰。他日西湖吊陈迹，断桥堤柳不胜悲。"
诗句的大意是：当日苏公坐过的抬轿还在，而谈诗论道
的莲社已经式微了，如今在西湖上凭吊苏公留下的旧
迹，看到断桥与苏堤上的柳树，都难以压抑自己心里的
悲伤。

崇宁五年（1106），道潜归老于江湖，也算是功德圆
满，乘云驾鹤，追随辩才法师和东坡居士而去了。

道潜死后，留有《参廖子诗集》传世，共十二卷。

天目依然钟鼓悠扬，曾经的高僧已经远去了。

道潜，一位至情至性的天目山人，为奉行的信仰，
为敬服的友人，艰难也坚定地走完了一条修行与追随的

《参寥子诗集》
书影

四部丛刊三编集部

集 参寥子诗

路，无怨无悔，至死不渝。

他的诗心与灵性、高风与亮节，最后都归入家乡天目山了吧。

天目灵秀。

参考文献

1.卜德灵：《北宋诗僧道潜研究综述》，《齐齐哈尔大学学报》2014年第3期。

2.喻世华：《"道德高风果在世外"——论苏轼与道潜的交往》，《江南大学学报》第11卷第3期，2012年5月。

3.江跃良主编：《临安历代诗词汇编》，团结出版社，2020年。

4.〔南宋〕潜说友：《咸淳临安志》，浙江古籍出版社，2002年。

5.〔清〕顾祖禹：《读史方舆纪要》，中华书局，2005年。

6.〔北宋〕苏轼：《苏东坡全集》，北京燕山出版社，1999年。

一位楼县令，千年《耕织图》

东皋一犁雨，布谷初催耕。

绿野暗春晓，乌犍苦肩赪。

我衔劝农字，杖策东郊行。

永怀历山下，法事关圣情。

——〔南宋〕楼璹《耕织图·耕》

春天来了，下了一夜春雨。临水的田地原野，被雨润湿了。布谷鸟在春光中叫唤着，布谷，布谷，快快布谷。看这野外，天还没有完全放亮，原本黑色的犍牛就因负重而肩头变红了。一名身穿官服的官人，一手拿着劝导农人勤加耕种的文书，一手拄根手杖走在高低不平的郊野上。官人的心里，一定还揣记着，不久之前，皇帝召集百官与民众，亲自布置农耕的场面与情景。

这首诗与诗中的画面，出现在楼璹的《耕织图》中。

楼璹是南宋的官员，明州鄞县（今浙江省宁波市鄞州区）人，曾经担任於潜的县令，他所作的著名的《耕织图》，就是在於潜任上完成的。

於潜县处于天目山麓，南宋时属于临安府。

看这於潜的风貌，一条天目溪，源头就在天目山，从天目山涧淌下的清流，途经西天目、绍鲁、於潜、堰口、塔山、紫水、乐平等村镇，一直汇入苕溪。如果把天目溪比喻为一棵树的树干，那两边的村落以及田地，就好像是树枝与树叶。

在天目溪的两岸，有大量的耕地，大块的，小块的，长条形的，方正的。看上去，那是田塍交错，水波相映。这块青山绿水之中的土地，经过一辈辈的天目山区农人的培护与精耕细作，全都土质肥沃，成了江南山区的膏腴之地。

当年，京城的皇族，也指望着这块土地上的产出。

当时的京城，在杭州。

杭州向西行百里路程，便是於潜。

大宋王朝的都城原来在汴京（今河南省开封市），因为发生了"靖康之难"，京城被金兵攻陷，宋徽宗和宋钦宗父子都被掳走。康王赵构，因为当时没在京城，逃过劫难，先在南京应天府（今河南省商丘市）登上皇位，是为宋高宗，后来辗转南下，在杭州立下脚跟。之后把杭州定为新的都城。

战乱之中，国家面临的最大问题是物资短缺，其中最重要的是粮食与布匹。有了粮食才能吃饱活命，有了布匹才能保暖过冬。为了解决这个重要的民生问题，宋高宗把全国的官员召来京城，进行研究。

於潜县令虽然是个基层小官，但也被召去参加了会议。这个会议是皇帝宋高宗亲自主持的，要求全国上下的官员要把农耕作为当前的头等大事，不要坐在衙门里，而要跑到田间地头去，向百姓们宣传农业政策，同时指导农耕农织。

会后，楼璹带着圣上的旨意，回到於潜，不敢有丝毫怠慢，马上行动起来，来到了田间地头，与老百姓们一起边学习，边实践，加入了农耕的队伍，体验了当地的耕织生活。

再说说这位楼县令楼璹，他来自鄞县楼氏家族。他的曾祖楼郁，在北宋仁宗时进士及第，做过大理寺评事等官。但楼郁的志趣不在做官上，乘当时仁宗皇帝诏令郡县兴办学校，便请旨回到家乡，开办学堂，教化乡民。这一教，便是三十年。楼郁喜欢读书，藏书万卷，还造有一幢叫"东楼"的藏书楼。这样一位有才有德的大儒，因为他居住在月湖边上，所以被当时的学者称为月湖先生。楼璹的祖父叫楼常，也是进士出身，主政过台州。他的父亲叫楼异，同样是进士出身，做过隋州（今湖北省随县）的知州。

要知道在古代，家族中有一个人金榜题名，考中进士，就是光宗耀祖的大喜事。榜上有名，三传捷报，门庭生辉，连同整个家族都会沾光添彩。而楼家祖孙三代都是进士，更难得的是，后来楼异的孙子楼钥又高中进士。一个家族绵延不绝地涌现出人才，当然能够百年兴旺。因此，鄞县楼家在宋朝以及后来的史书中，都被称为"江南楼氏"。

楼璹是名门望族的后人，算是含着金汤匙出生的公子哥，一定是娇贵得很。但楼璹在良好家风的熏陶下，并没有成为富家纨绔子弟，而是养成了温厚勤奋的品德，并在从政后努力做到积极有为。更难能可贵的是，楼璹在从政之初就心怀民众，把老百姓的生活放在心上。主政於潜时期，天目山下民众的春种秋收、四季冷暖，都是他最重视的事情。

为了能更好地宣传与促进农耕农织工作，熟悉了农事之后的楼璹，把耕作与纺织的各道工序，结合他的所见所闻，绘成了一幅幅图画，又在画面上题了诗，做成了一册珍贵的《耕织图》。

《耕织图》分为耕图和织图，以农事的时间推进为顺序来进行绘制与描述。其中耕图包括《浸种》《耕》《耙耨》《耖》《碌碡》《布秧》《淤荫》《拔秧》《插秧》《一耘》《二耘》《三耘》《灌溉》《收刈》《登场》《持穗》《簸扬》《砻》《舂碓》《筛》《入仓》，共二十一件幅图；织图包括《浴蚕》《下蚕》《喂蚕》《一眠》《二眠》《三眠》《分箔》《采桑》《大起》《捉绩》《上簇》《炙箔》《下簇》《择茧》《窖茧》《缫丝》《蚕蛾》《祝谢》《络丝》《经》《纬》《织》《攀花》《剪帛》，共二十四幅图。

素材取自於潜的这四十五幅耕织诗画，就是当时天目山下，也或许是全国各地，最真实的乡村生活写照。

就从楼璹的这份《耕织图》，去看看一千多年前的天目山乡吧。

耕图的第一幅图《浸种》：

> 溪头夜雨足，门外春水生。
> 筠篮浸浅碧，嘉谷抽新萌。
> 西畴将有事，耒耜随晨兴。
> 只鸡祭句芒，再拜祈秋成。

从诗文以及画面中可看出：春雨洒落，溪水涨起来，竹篮里盛起谷子，浸在温水中，慢慢看见谷子冒出浅绿的新芽。农田间忙碌起来，农人背负农具早早出门。杀只鸡来祭祀农神后稷，拜了又拜，希望农神保佑，保佑乡亲们在一年辛劳之后，能够有个好收成。

除了诗句中描写的，在天目山乡，还有什么样的情景呢？

看，村头的大婶提着只竹箩，朝村尾的大伯家来了。

於潜的女子，无论年轻还是年老，都喜欢绾着头发。身上，年轻的穿红绿彩衣，年老的穿一身素衣。走起路来，一个个脚下飞快。说起话来，嗓音清脆，越语婉转，就好像山鸟在唱歌。

大妈跟大伯说："大哥呀，我家的谷种不行，种出的稻谷瘪，你家的谷种子，种出的稻谷饱满，有余长的谷种吗？要是有，就匀我一箩吧。"

大伯说："可不是，我家稻子长得壮，就多留了些谷种，好让有需要的乡亲都有好种子，你家需要，尽管盛了去。"

大妈说："多谢大哥啊，这是我买谷种的钱，请收下吧。"

大伯说："乡里乡亲的，一把种子还给钱，太见外了，你家的蚕好，到时候给我一张蚕纸就行了。"

大妈说："这一箩谷种换我一张蚕纸，那我可就赚大了。"

大伯说："家家把稻子培壮了，把蚕养好了，有个好收成，才叫赚，家家都赚。"

大妈说："大哥呀，你说得真好！"

这就是邻居和睦、民风淳朴的天目乡景。

耕图的第八幅图《拔秧》：

> 新秧初出水，渺渺翠毯齐。
> 清晨且拔擢，父子争提携。
> 既沐青满握，再栉根无泥。
> 及时趁芒种，散著畦东西。

苗秧长成了，一片翠绿，看上去就像是一块整齐的绿毯子。清晨把秧拔起来，年老的父亲和年少的儿子争着挑担。在田水中涤荡梳理之后，秧苗根部就没有泥巴了，散发着青青绿意。趁着好时节，赶紧把秧把丢在水田的各处，等待着插秧。

田间，於潜女子把裤管高高卷起，露出藕一样白皙的小腿，戴着斗笠，身穿白布衫，和丈夫一起拔秧、抛秧、种田，并不时和丈夫低头私语，吃吃地欢笑，无限缠绵。

耕图的最后一幅图《入仓》：

> 天寒牛在牢，岁暮粟入庚。
> 田父有余乐，炙背卧檐庑。
> 却愁催赋租，胥吏来旁午。
> 输官王事了，索饭儿叫怒。

大冬天里牛关在了牛圈中，快过年了，将粟米堆到露天的谷仓里。耕种人家庆幸有了余粮，躺在屋檐下晒着太阳。但是却担忧官府的税钱赋款，看看到处都是上门催要的官府小吏。总算把官府的税钱凑齐了，家里的小儿又哭叫着要饭吃了。

有了好收成，却被盘剥去大半，但是於潜人想得开，过年了，该乐还要乐。节庆里，要舞龙，买不起金银丝帛来装扮龙身，就把稻草捆扎起来，扎成稻草龙。村里壮实的男子每人手举一捆稻草龙身，伴随着锣声鼓声，舞得满场翻转，热闹喜庆。

织图的第一幅图《浴蚕》：

> 农桑将有事，时节过禁烟。
> 轻风归燕日，小雨浴蚕天。
> 春衫卷缟袂，盆池弄清泉。
> 深宫想斋戒，躬桑率民先。

转眼养蚕织丝的大事又要到了，时节过了禁止烟火。轻软的春风中燕子归来，暖雨天里把蚕子浸泡。这时候养蚕的女子，把自己薄薄的春衫卷起来，打来清水，将自己沐洗干净。想京城中的君王，也会率领后宫与臣下，一起敬拜神灵，先于民众为农桑诸事向神灵祈祷，祈得风调雨顺，祈得五谷丰登。

织图的第八幅图《采桑》：

> 吴儿歌采桑，桑下青春深。
> 邻里讲欢好，遇畔无欺侵。
> 筥篮过新雨，桑柘添浓绿。
> 竹间快活吟，惭愧麦饱熟。

诗句的大意是：吴越之地的儿女，一边唱歌一边采摘桑叶，桑树下面一派深浓的春色。邻居之间友好相处，遇到桑枝过了田地边界，也不互相争夺侵犯。被小雨淋了一下，篮子里的桑叶显得更绿了。（我）在竹间轻松快活地吟诗，没给采桑人和别的农人帮上什么忙，真是对不住填饱肚子的麦食。

天目山乡的采桑情景，那是热闹又生动，蜂飞蝶舞的暖春时节，红衣绿衫的於潜女，一个个画了蛾眉，点了朱唇，提着箩带着筐来到桑园里，采摘碧绿的桑叶。这边响起一声："阿姊哎，你的花衫好漂亮。"另一声传来："阿妹呀，你的裙子真好看。"

欢声笑语，传遍了天目山。

县令楼璹一定是深入了乡村，实地取材，再把每一件农事都具体地描绘成画图。比如"耕"，呈现在画面中的是：田畦交错的泥田里，一头行走中的犍牛拖着犁耙，耙上站着一名农夫，农夫穿戴蓑衣笠帽，光着小腿，一只手抓着系牛绳，另一只手拿着赶牛的鞭子。

每幅画，都配有一首诗，诗句的内容，也就是描述与画面有关的农事，把眼前的景，由景表现出来的季节，以及季节中的人与事，都表述出来了。

楼璹的侄儿楼钥在《跋扬州伯父〈耕织图〉》中，这样介绍《耕织图》的由来：伯父楼璹在临安府於潜县做县令时，专心致力于管理社会事务，感叹牵挂种田人与养蚕人的辛劳，深入乡村考察耕种与织布从开始到结束的整个过程，从而作出了耕、织两份图。

可以想象：当年的楼县令换上芒鞋，挽起长衫，沿着天目溪，来到了天目山下的田间地头。在他的眼前，是被天目山泉浇灌的泥土黝黑的田地，勃发的水汽从田间地头升起来，春风挟带着春泥的气息，四处弥漫。而短衫赤脚的农人们，扶犁的扶犁，耙田的耙田，撒种的撒种。楼县令走上田头，拉着农人的手，问犁地要犁几分深浅，问耙田需要使几分力气，还问这谷子什么时候发种，什么时候撒种最合适，等等。农人们一定暂停了手中的活计，来到田埂边与勤问好学、关心农事的年轻官员聊天笑谈。

官民鱼水情浓，这也是一幅生动的图画。

楼璹创作完成《耕织图》后，呈献到宋高宗的手上。高宗皇帝十分赏识，给了楼璹奖励，还让后宫的嫔妃们都一起看看，意思也就是要大家都了解一下耕织的辛苦，不管是吃还是穿，都要节俭不浪费。

《耕织图》用诗配画的形式，完整地反映农业耕织步骤，这在古代是一次很有意义的尝试与创新。在之后的朝代中，《耕织图》越发受到朝野的重视。在元朝，有赵孟頫的《题耕织图诗二十四首奉懿旨撰》，是在太后或皇后的旨意下撰写耕织图诗。清代雍正、乾隆时期，有焦秉贞所绘《耕织图》，还有耕织诗。而在各个朝代，据说各地官员会在农期，也就是"忙种"这样的农耕时节，把《耕织图》摹图送到乡村张贴，起到宣传与鼓励农人耕织的作用。

楼璹离开於潜之后，做过邵州（今湖南省邵阳市）通判、扬州知州，后来还回都城担任朝议大夫的职务。后于绍兴二十五年（1155）去世，享年七十三岁。

在楼璹的做官经历中，於潜县令只是一个起点。但

御制《耕织图》

是让他名传后世，为人记忆与敬仰的，或许正是於潜这一任。因为有了於潜这段履历，才有了垂世的《耕织图》。

有了这《耕织图》，才成就了永远的楼县令。

"当年后稷神，留与后人祭。"

后人需要祭奠稷神与织神，从而懂得耕织的知识与道理，更需要懂得的是，自己嘴里的一粒饭，身上的一件衣，全都来之不易，需要无比珍惜。

楼璹创作于天目山下的《耕织图》，影响极其深远。元代，安徽休宁人程棨根据楼氏家族藏本临摹了一份，流传于世。清朝康熙皇帝在楼璹《耕织图》的基础上，制作了《御制耕织图》，乾隆皇帝又翻刻了《耕织图》，并且在全国推广。程棨的摹本被珍藏在圆明园，1860 年英法联军攻入北京，火烧圆明园，把这份《耕织图》掠去，现藏于美国华盛顿弗利尔美术馆。

天目山下的农村，至今保持着传统的耕织生活。淳朴的农人们在家乡秀美又肥沃的土地上，扶犁、耙田、播种、收获，日月轮回，花落花开。

今日的於潜，还按照《耕织图》修建起一座耕织园。不知道在耕织园里，是否能够让人感受到"旧谷发新颖，梅黄雨生肥""轻风归燕日，小雨浴蚕天"这样深沉又生动、轻松愉悦又意义不凡的农耕生活？

许多不懂稼穑的人应该多来天目山下参与农耕农织，以便能够更深地体会到，一粒米，一寸布，是那样来之不易。

体会之后，一定会说，粮食是神圣的，必须以敬畏之心来对待。

参考文献

1.《二十四史》编委会编:《二十四史·宋史》,线装书局,2014 年。

2. 江跃良主编:《临安历代诗词汇编》,团结出版社,2020 年。

3. 刘蔚:《楼璹〈耕织图〉的艺术渊源及其创变》,《浙江社会科学》2017 年第 10 期。

4. 郭庆彬:《南宋初期临安府於潜县农业文明初探——以楼璹〈耕织图〉为例》,《山东农业大学学报(社会科学版)》2018 年第 9 期。

洪咨夔，名垂史册的天目读书郎

云气冒兮天目之趾，

叠湫喷薄兮洞石齿齿。

列缺正昼兮睡蛟蛰起，

可豢而扰兮，

浴以天河倒流之水。

子其隐乎，吾与子兮采芷。

——〔南宋〕洪咨夔《招隐三章赠李洋》（其二）

在天目山，万般气象从山脚冒出来，缥缈升腾。放眼望去，是层层叠叠的水潭与天池。还有天然的洞穴，洞穴中的石头峻峭森然，就好像妖怪尖锐的牙齿。安睡山中，做一条悠闲的卧龙，随心所欲地睡到中午才起床。伸个懒腰，来到山中放眼四望。还可以在山瀑下来个淋浴，这浴水是从天上的仙河中倒流下来的，是轻柔的仙波。你要是来到天目山隐居，那我就与你携手深林中，一起喝茶游赏，一起寻幽访古。

这里说的，就是《招隐三章赠李洋》（其二）中所讲述的内容。其意是邀约朋友到天目山来，一起在幽美的大山中隐居，携手做世外高人。

115

天目溪晚霞

　　从诗题中可以看出，被邀约的人叫李洋，那么邀请人是谁？邀请人，也就是这首诗的作者，他叫洪咨夔。

　　洪咨夔是土生土长的天目山人，就出生在天目山脚下的嘉前乡目源屯（今天目山镇门口村）里的一户洪姓人家。

　　目源，也就是天目山的源头。村里边就有条从天目山峰流下来的小溪穿过，水流明净，溪波平缓。溪的两边是山，分别叫龙阳山和龙阴山。洪家，便在龙阴山下，是一户书香人家。当时村子里传说，这里曾经有夔牛现身。所谓夔牛，是传说中的上古神兽，说是像牛，但只有一只脚，头上没有角，青苍色，来的时候会伴随风雨雷电和日月般的光芒。因此，洪家把新生儿取名为"咨夔"。

　　洪咨夔的祖父叫洪载，是位读书人，来到天目山下定居。他父亲叫洪钺，号谷隐，喜欢读书作诗，与天目山中的僧侣道人交好，常常一起谈经咏吟，著有《谷隐诗集》。洪咨夔也是从小喜好读书，才思敏捷，幼童时候，就能和父亲对诗。

洪钺留有与儿子洪咨夔对诗的作品，叫《和儿咨夔夜坐韵》：

> 楼底雪知峰，楼头着寓翁。
> 梅方开萼绿，桃已亚枝红。
> 斟浅偏劳劝，眠迟不受烘。
> 锦城春在眼，何暇问蚕丛。

诗的大意是：楼下是叫雪知的山峰，楼上住着不太出门的老翁。梅树上刚刚冒出绿叶，桃枝上一片红艳。没喝几口酒就叫不要喝，还说睡迟了不给取暖。要知道这衣锦城里，美好的春天已经来到了，谁还有心思想远古的蚕丛呢？

这样的小诗，可以说字里行间都洋溢着浓浓的人情味与生活气息。

天目山幽静秀丽，正是读书的好去处，洪咨夔就在洪家的祖宅里发奋攻读。

嘉泰元年（1201），洪咨夔才二十五周岁，就进士及第。据说洪咨夔的政见与诗文，很受当时吏部尚书楼钥的赏识。这位楼钥，就是绘制《耕织图》的於潜县令楼璹的侄子。随后，洪咨夔也就走上了仕途，被授予如皋（今江苏省如皋市）主簿。之后在数十年的时间里有升有降，最高时做到了刑部尚书、翰林学士等。据史料记载，洪咨夔在从政的生涯里，一直刚正不阿，像天目山的青青翠竹一样，挺拔清秀又有节气。

在嘉定（1208—1224）中期的时候，洪咨夔受命来到淮东（又称淮左，现在一般指江苏江淮之间的扬州、淮安等地）任职。当时的淮东，是南宋与金国的接壤地，也是两军对峙处。作为对峙的要地，当然面临危险。就在洪咨夔到任的时候，金国集中兵力，向淮东进发，想要攻下淮东，继续南侵。

当时担任淮东安抚司事的官员叫崔与之。这位崔与之，也是南宋的名臣、诗人、学者。他是广东增城（今广东省广州市增城区）人，进士及第，为官廉洁奉公，在淮东练兵抗金，政治上的声誉很高。在学术上，他还开创了"菊坡学派"，这是岭南学术的一个流派，所以他又被称为"岭南儒宗"，也就是岭南地区的一代儒学宗师。

崔与之能够长期与金兵对峙抗衡，除了他自己文武双全，手下的人马肯定也是相当出色的。只是这一次要面对金人的大举压境，想想就算以淮东的全部人马来拼死抵抗，也很可能寡不敌众。但是兵临城下，官兵要是有个闪失，结果就是城池倾覆、万民涂炭。面对强敌，作为长官的崔与之，内心一定也是焦急如焚，想护住城池百姓，又担心打不过强狼恶虎。他赶紧把同僚与属下召集过来，问大家有没有更好的御敌办法。

洪咨夔就站出来献计，说："崔长官啊，敌军强大，硬拼肯定不行，我们要智取。"

"智取，当然是不错，兵不厌诈，只是用什么计谋来御敌取胜呢？"

洪咨夔说："我的计谋是：减少探哨，精简兵马，打开城门。"

听到的人都惊叫起来：强敌压境，减少探哨，精简兵马，并且把城门也打开，那不等于自个儿先缴了兵械，空着双手等敌人来砍杀吗？

洪咨夔说："大家别着急，崔长官你也别担心，三国时期的蜀国军师诸葛亮，就唱过空城计，我们不妨也唱上一回，不过呢，要叮嘱兵将与百姓，见了敌人不能惊慌，还要先放出口风，说淮东的兵马，都在赶来增援的路上。"

崔与之也是位有学识和胆识的人，虽然心里不免有些忐忑，但还是照着洪咨夔说的，把事情布置下去了。

金兵赶到城下，看到城门大开，城里城外的人同平时一样，来来往往，没有表现出一丝惊慌，并且得到信报，说宋国增援的部队从四面赶来，马上就要到达了。金兵马上断定，淮东打开城门是为了诱敌深入，等援军一到，好关起门来打。这样一想，他们哪里还敢冒险攻城，连忙下令撤退。

洪咨夔一个计谋，让宋军不费一兵一卒，赶跑了金兵，保全了淮东的城池与百姓。这件事，很快传遍了宋朝的朝野，成为一时的美谈。

因为空城退敌的功劳，朝廷提升了洪咨夔的职务，让他做了成都府路（今四川省成都市）通判，之后又任龙州（今四川省平武县）知府。在任上，洪咨夔不怕辛苦，请求朝廷在边境设置漕运司——利用水道调运粮食（主要是公粮）的机构，并免除民众戍边和运粮等差役。可以说，洪咨夔是一心为民的好官。不久后，他被调回了京师任职。

洪咨夔为人像竹子一样坚挺耿直，他以一片为国为民奔波请命的忠心，一次次向君王进言，把朝廷政策的正确与错误，以及一些贪官污吏的劣行，都一一上禀，直言不讳。这样一来，难免戳到了一些人的痛处，特别是那些手握实权的奸臣，被人截断他们敛财进利的门路，被人撕下面具，暴露出真实面目的丑陋，肯定会恼羞成怒，便指使底下人反咬一口。洪咨夔受到了奸臣们的打击报复，很快被削去职务，贬出朝廷。

重归平民身份的洪咨夔，离开都城，回到了天目山下的老家。

回到家，他跟父亲说明了情况，以为父亲会责怪他，老人家却说："我能吃茄子饭，你不能吗？"也就是说：你老子我，在没粮没米的日子里，能做到把茄子当饭吃，你难道就怕吃苦吗？有了深明大义的老父亲的支持，洪咨夔安心在老家待了下来，赋闲田园山水，不问窗外事，专读圣贤书。

这一赋闲，便是七年。

这七年，洪咨夔把身心沉浸在家乡天目山，为此创作了大量与天目山有关的诗词。比如《好事近·次曹提管春行》，上阕云：

> 二十四番风，才见一番花鸟。已是有人瘦，正远山横悄。

词句的大意是：二十四番花信风过了之后，才又到了春天，看到了春天灿烂的繁花，听到了春天清脆的鸟声。而我却越发清瘦了，从家门前望过去，远远看到天目山雄伟的山影。

再如《晚径》：

> 促织声来竹里，凌霄花上松梢。
> 清泉白石心领，野鹤孤云手招。

诗句的大意是：在我天目山下的家乡，在晚上，夜虫鸣叫的声音从竹林里传来，听起来越发幽旷。早上推门一看，屋前的凌霄已经爬上了松树的顶尖，花朵在枝梢间怒放。清清山泉以叮咚的声音召唤我前去，它的好意我早已领会。大山之中，自由的野鹤与悠闲的白云也在召唤我前去，与它们一同遨游。

还有《东西山》：

> 西山许迈无人问，只说东山有谢安。
> 富贵光明贫贱晦，世情从古两般看。

这首诗用的是许迈与谢安的典故。许迈是丹阳句容（今江苏省镇江市句容县）人，与郭璞、王羲之是好朋友，饱读诗书之后没有选择入世做官，而是出世做了道士，于永和二年（346）来到临安洞霄宫修炼，并且终老临安。

这首《东西山》的大意是：许迈与谢安，都是东晋名士，都与临安结缘，如果说谢安在东山，那么许迈就在西山，但现如今一般人都知道东山谢安，而很少有人知道西山许迈。这也就是所谓，只有富贵得势，才能成为世人头顶的一颗明亮的星星，而没有得势，哪怕才华相当，也只能消匿沉没，这就是从古到今不变的世故人情。

读书，写诗，漫步天目山，也算是舒畅安逸的日子。

天目儿郎洪咨夔，或许很想从此安居家乡天目山，与白云野鹤为伍，安静地听虫唱鸡鸣，看春花秋月，但是一旦进入了仕途，其中的去与留，都身不由己了。

一纸政令下来，他只好又出发了。

宋宁宗驾崩，新帝宋理宗亲政，复用洪咨夔，任他为监察御使。洪咨夔结束了天目山下平静的日子，重新进入了风云多变的官场。

重新出山后，洪咨夔依旧以他耿直的性格，多次向皇帝进言，希望朝廷注重民生，并且要求皇帝要多和中书省的宰相们共同制定政策，皇帝颁布诏书要经过中书省签署。

宋理宗赵昀继位之初，还是耳目清晰的，不像他晚年被奸臣贾似道窃权而导致朝纲昏暗。理宗皇帝没有因为洪咨夔的禀性直言，就像前朝一样打击他，而是肯定了他的忠义，说洪咨夔十分刚直，又忠诚朴实。之后，洪咨夔的职位也得到了提升，一直升到了刑部尚书，并由翰林学士进到知制诰，加封端明殿学士。

如果把国家比喻成大厦，那么刚正的大臣，一定是国家的梁柱。梁柱在，大厦不会倒塌。但是那些阴暗险恶的小人，如同蚂蚁与蠹虫，为了获得他们的私利，根本不顾家国的兴与败，他们最拿手的事情，便是对着梁柱竭尽全力地啃噬攻击。所以刚正不阿的洪咨夔，很快又遭到了奸臣们的群攻，导致他"十年不调"。也就是说，洪咨夔出任刑部尚书、端明殿学士之后，一干十年，朝廷再也没有根据他的政绩，给他职位升迁的机会和待遇。而凭他的学识、能力、资历以及人品，在当时完全可以再次升职，甚至上达宰相的职位。

天目云海

　　洪咨夔当官，是为国为民请命办事，不是为了钻营渔利，所以对于升与降、起与落，他都坦然面对。在公事之外，他不像当时众多的士绅那样，在偏安一隅的朝政下，还是"暖风熏得游人醉，直把杭州作汴州"，一味地醉生梦死。洪咨夔为官一生，两袖清风，公务之外的兴趣，便是吟诗填词。

　　在诗文创作上，洪咨夔可以称得上是位盛产者。他著有作品集《平斋文集》，共三十二卷，以及《平斋词》一卷。《全宋诗》辑录他的诗有八卷，共九百零六首。并且在钱锺书先生的《宋诗选注》中，竟然选了他的诗作四题五首，要知道其中像秦观这样的名家，也只有五首。

　　晚年的洪咨夔，以他天目赤子的淳朴情怀，教育自己的儿孙，写有《示诸儿》等诗篇，其中说："古来天目下，谁识三岁贡。吾翁破天荒，教子斯命中。顾我肋已鸡，望汝毛犹凤。"诗文大意是：从古至今在我的家乡天目山下，从没有中过贡举的。是我的父亲破了天荒，教导我，让我中了进士。在父亲的栽培下，我也算有了一双翅膀，但却不能高飞，只能算是一只鸡。我的孩子们，你们兄弟几个，要比我更加努力地去读书学习，将来成为凤凰，带着家乡天目山父祖的希翼，振翅高飞。

洪咨夔有三个儿子，分别是洪熏、洪焘和洪熹。他教育后辈，一定要像他父亲当年教育他一样，晨起相伴读书，夜半促膝对诗，既严格又灵活。所以，他的儿子都学有所成，特别是长子洪熏，与父亲一样进士及第，入仕做官，一直做到了兵部尚书。

南宋理宗端平三年（1236）六月，洪咨夔还在刑部尚书任上，却遽然而逝了。

洪咨夔死后，归葬故里。

骨埋桑梓地，魂萦天目山。

今天，在天目山镇门口村，洪氏后人还慎重地守护着洪氏祠堂，精心保管着一册千方百计保留下来的《潜阳洪氏家谱》。而对洪咨夔这位先人，村里人普遍尊称为老丞相。虽然洪咨夔并没有拜相，但在家乡人的心目中，洪咨夔就是一位德高望重、高风亮节的老丞相。

一代代的苕溪后人，一位位天目儿女，替老丞相守护家乡，守护天目山。

明月清风。

松竹挺立。

参考文献

1.《二十四史》编委会编:《二十四史·宋史》,线装书局,2014 年。

2.盛中成:《天目山有个"四代鸿儒"、"二代尚书"之家》,《今日临安》2012 年 9 月 21 日。

3.陶文鹏:《论洪咨夔诗歌》,《北京联合大学学报》第 4 卷第 2 期,2006 年 6 月。

4.刘荣平、丁晨晨:《洪咨夔行年考》,《中国韵文学刊》第 25 卷第 4 期,2011 年 10 月。

5.王建华:《天目明珠峄㟃山》,《风景名胜》1994 年第 4 期。

6.江跃良主编:《临安历代诗词汇编》,团结出版社,2020 年。

诗情又画意，
一代禅宗大师的天目山

南辰北斗在山头，玉兔金乌顶上游。
采药仙人游阆苑，担柴樵子过瀛州。

一山未尽一山登，百里全无半里平。
疑是老僧遥指处，只堪图画不堪行。

上去上去复上去，上到崎岖巅险处。
此山山外更无山，万里江山只一舰。
——〔元〕中峰明本《天目山赋》（节选）

元朝，是蒙古族建立的大一统王朝。马背上的大英雄成吉思汗建立了蒙古政权，他的孙子忽必烈平定南北，建立元朝，称为元世祖。出于稳定政权与治理国家的需要，元世祖与前朝一样推崇佛教。元代之前，禅宗在中国相当盛行。而元朝帝王更崇尚藏传佛教，邀请西藏名僧东来，奉为帝师，掌理全国佛教，因此禅宗就在一定程度上受到了冷落。

那么，元朝没有禅宗大师了吗？不，元朝有禅宗大师。

这位大师，便是中峰明本。

中峰明本像

中峰明本，他是哪里人？又在哪里出家？

中峰明本是杭州人，出家地就在天目山。

中峰明本俗姓孙，号中峰，杭州钱塘人。也有说钱塘是他的出生地，祖籍在新城（今杭州市富阳区新登镇）。中峰有兄弟姐妹七人，他最小。据说他母亲在怀他的时候，做了个梦，梦见一位高僧打着灯笼来到他们家中。所以孙家人不免担心，这个幺儿是不是有佛缘，该不会是高僧转世吧？孙家小儿慢慢长大，他非常聪明，七岁开始勤读《论语》《孟子》等书籍。除了学习特别用功外，他的兴趣爱好也与别的孩子不太一样，别的孩子喜欢往热闹的地方跑，他却喜欢往寺院钻，还特别喜欢听高僧讲道，也喜欢学和尚打坐。这让家人更担心了，担心他会抛下一切去当和尚，所以有意无意就阻拦中峰去寺庙，可他还是偷偷找机会往寺庙里跑，想拦他也拦不住。

眼看中峰已经长成小小少年了，身姿英挺，面貌俊秀，孙家真是后继有人了。但是，孙家人多年来所担心的事情还是发生了。中峰提出，要出家，要当和尚。家里人都希望这个聪明的孩子好好攻书做学问，将来走上考场，博取个功名，好光宗耀祖，所以一致反对他出家。在家人的强烈反对下，中峰明本一时没能照自己的心愿走出家门，但是他从此每天诵读佛经，读累犯困了，还会用脑袋来撞柱子，好让自己清醒过来。除了读经，他还来到离家不远的灵洞山顶练习坐禅。家里人见他这么有决心，也就只好同意了他的选择，让他出家为僧。

时年二十四岁的中峰明本，走出家门，来到了天目山，拜在高峰原妙禅师的门下。

　　高峰原妙禅师是天目山中一位了不起的得道高僧。他是苏州吴江（今江苏省苏州市吴江区）人，俗姓徐，字高峰，十五岁便出家，十八岁修学天台教义，后来到杭州净慈寺修道，十分勤苦。来到临安之后，他从龙须山入西天目山，在狮子岩盖了间茅屋居住，后来在张公洞立"死关"，整整十五年足不出户，毅力非凡，功力深厚，终成一代宗师。

　　原妙禅师是很孤峻严肃的一个人，一般人入不了他的眼，想要拜他为师是很困难的一件事。但是原妙禅师见了中峰之后，竟然一眼相中，愿意收他为徒。原妙禅师对中峰明本十分赏识，倾力授教，认为他有悟性，又勤奋，是众弟子中最有成就的。原妙禅师年事已高，功成坐化之前，就留下了遗言，希望由中峰明本来继承他的衣钵，做寺院的住持。但是中峰明本没有接受恩师的重托，举荐了他人来做住持，因为他认为，一旦做了大寺院的住持，无疑是让自己过上了不劳而获的生活，这不是他想要的，他想一辈子做苦行僧，专心学法研法，然后尽可能去四方云游，做个有性情的僧人。

　　提起古代僧人，特别是苦行僧，在人们头脑里出现的模样，总是身体瘦小、容颜槁枯，而且脸上不喜不怒，没有什么表情。但是中峰明本的形象根本不是这样的，他身材高大，容貌俊秀，可以说是一位标准的美男子。据史书记载，他的身高有九尺。如果照现在的计量单位来算，三尺为一米，那九尺不就是三米了？其实，这"九尺"是古尺度，比现在的尺度小。九尺虽非三米，但中峰明本确实比很多普通人高。

　　中峰明本的佛学成就很高，他的诗文成就同样很高。他的诗，轻盈又灵动，也就是诗句间充满着佛门高僧的灵悟，却又有着江南男子的情怀与生机。

读一读篇首他写的《天目山赋》吧。《天目山赋》共有五百六十八字，因为篇幅限制，这里只节选了部分内容。节选诗文的大意是：南辰北斗这些星星看起来就在天目山的山顶上，月亮与太阳轮回游走。采药的人进山，就像进了美丽的百草园；砍柴的樵夫上山，无疑像到达了瀛洲。爬上一座山峰，眼前又是一座山，进山百里不见半里平地。眼前是天目老僧人遥指的去处，景色这么美丽，尽对着写生画画了，要走到那高处，可太不容易了。往上爬往上爬再往上爬，走到这山高处，真是十分崎岖险峻。站上峰巅，只觉得除了身下的天目山，世间再也见不着这么奇峻的大山了，所谓的万里河山，也只用稍稍看上一眼就够了。

在这段文字之后，还写了天目山上的泉、石、岭、坡、藤、松、竹、树等，真的是字字珠玑，句句精华，其中饱含了中峰法师对天目山深深的爱和深深的赞美。文中还说"此山碧落逍遥客，山前山后水云仙"，也就是说，深秋里满山的落叶，一片片在风中飘飞，是多么的逍遥自在，山前山后飘浮着云雾，这无疑就是人间仙境。

天目山，太美了。

中峰法师的诗文，太美了。

这篇《天目山赋》，提到了天目山的采药人，不仅有"采药仙人游阆苑"，还有"采药人身靠夜摩天，收药人攀杪椤树"。

天目山因为地质古老，气候湿润，土壤肥沃，故而拥有丰富的植物资源，也就成了一座珍贵中药材的宝库。其中许多植物是中国特有的物种，如大血藤、山拐枣、象鼻兰、独花兰、短蕙竹等。还有不少是浙江特有的物种，

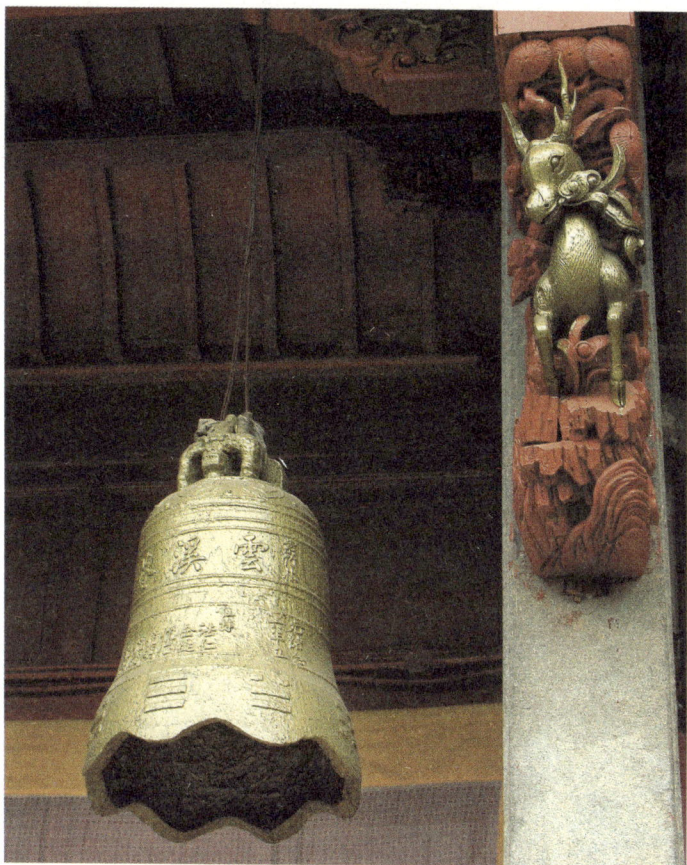

天目钟

如天目铁角蕨、天目金粟兰、天目山景天、天目当归等。
这些都是十分珍贵的物种，也是珍稀的中药材，现如今
受到了重点保护，严禁采挖。

说回中峰明本法师。

法师的诗文绝佳，他的书法也十分独特。看法师
留下的墨宝遗迹，只觉得用笔随意，随手拈来，似乎不
太精致，就好像是一名乡村妇人，身上穿着粗布衣服，
头发随意地挽一下。但是仔细看，却像是风中飞舞的柳

叶，这些柳叶飘着，飞着，好像没有整齐划一的队形，但随风形成了别有韵味的美，字形大小错落，运笔老到灵活，开创了不同凡俗的意境。因而，他的书法被誉为"柳叶书"。

再说当年，知名的大书法家、大诗人赵孟頫和他的夫人管道升一起来天目山游玩，有缘遇见了中峰明本，相互交流之后，赵孟頫惊叹不已，万万想不到，这深山之中，还藏着这样一位高僧，不仅道行深厚，诗文书法的功力也叫人不得不佩服。当下，赵孟頫拜中峰明本为师，做了大师名下的俗家弟子。

据说，当时散曲大家冯子振与赵孟頫是好朋友，有一次赵孟頫带中峰明本一起去拜访冯子振，跟冯子振介绍中峰师父，说他在散曲上的造诣也非常高。冯子振听了不以为然。文人多傲气，一定以为自己才是高手，除了他，哪里还有高人。冯子振看在赵孟頫的面子上，拿出他的得意之作《梅花百韵歌》给中峰明本看。中峰明本看过之后，便要了纸笔，提笔落纸，飞快作好了《九言梅花歌》，一一合上了《梅花百韵歌》的韵脚。冯子振一看，忍不住惊叹中峰明本的才情，两人从此结成了至交好友。

中峰明本的声望越来越高，众多的向佛之人从四面八方赶到天目山，请求拜在法师门下。而中峰法师每到一地，这一地的僧众就赶来拥拜，见到他的人都惊呼他是"江南古佛"，是世间难得一见的活菩萨。在云南，他更是被奉为禅宗祖师，被称作"南诏第一祖"。

中峰明本同样得到了官方的重视，元仁宗赐他"佛慈圆照广慧禅师"的名号；元英宗特旨降香，赐袈裟。

中峰明本的佛学禅风广为传播，在海外也产生了深远影响。日本就有位叫古先印元的僧人来中国留学，他专程赶到天目山，参谒中峰明本，向大师请教佛法。据说当时，日本僧人还带走了不少中峰明本的作品手迹。后世中国因为岁月动荡，大量中峰明本法师的真迹遗失了，在日本反而仍有不少珍藏。

中峰法师到过很多地方，从他留下的诗文中可以看出，比如《船居》《山居》《水居》《瀍居》。也就是说，他有时居住在船上，有时居住在山中，有时临水而居，有时靠近瀍河居住。他为什么频繁换住处？那是因为他原先居住在天目山，但是后来因为名气太大，来天目山投奔他追随他瞻仰他的人实在太多，中峰法师不堪其扰，所以需要不断更换住所、变换行踪，从而给自己留出礼佛研学的时间和空间。而法师给他每一处住所起的名字，都叫幻住庵。所谓庵，是提供给僧侣居住的民间住所，寺院则是由官方批准建造的。中峰法师为什么把居所统统称为幻住？幻，变幻，梦幻，虚幻，可能中峰法师认为，肉身的人生，不管是行是居是奔忙是苦闷，这些对于一个人来说看似真实的感觉与体验，却不过是一场梦，只有修行，才能通往真切的彼岸。

中峰明本法师身材魁梧，容颜俊美，才华出众，如果留在俗世，无疑是一位翩翩佳公子，他可以享受西湖上无边的暖风，看遍杭州城里无尽的灯红酒绿。但是，他来到了天目山中，融入这深林古刹之中，用一生来陪伴青灯古佛，为众生讲法，活成一座天地间挺立的高塔，巍巍耸立，令人仰止。

元至治三年（1323），中峰明本法师在天目山功成坐化。五年后，元顺帝敕谥中峰法师为"普应国师"。

清苦自持，恪行操守，淡泊名利的一代高僧，他的品格，不就是天目山的品格吗？天目山，不管面对浮华还是纷乱，始终巍峨挺立，不与世争，守得住太阳的绚烂，也守得住月光的凄清，胸中有丘壑，眼前无杂障，与风握手，与雨交谈，与有缘人并肩，坚定又坦然。

万里江山只一觑。

碧落逍遥天目山。

参考文献

1.《浙江通志》编纂委员会编:《浙江通志·天目山专志》，浙江人民出版社，2017 年。

2. 邵逢春:《佛门龙象:元代普应国师中峰明本考略》，《上饶师范学院学报》第 41 卷第 1 期，2021 年 2 月。

3. 李光华:《中峰明本〈行书与济侍者警策〉的"柳叶飞舞"》，《中国书法》2011 年第 9 期。

书圣深情怀，天目不老松

自有天地有此溪，泓渟百折净无泥。

我居溪上人不到，只疑家在青玻璃。

——〔元〕赵孟頫《题茗溪绝句》

　　我在过去的许多年里遍游江南，到过的佛寺古庙很多。只有这天目山大觉正等寺是高峰妙禅师的道场，地势高拔，气势不凡，人力物力也十分雄厚，实在称得上是杭州地区的一大佛教盛地。

　　天目山在杭州於潜县，是浙西群山的宗山祖峰。《图经》说，天目山的山脉延伸八百里，山峰高达三万多尺，地处杭州、湖州和宣城之间，大山中，到处可见峻峭的岩石与幽深的山谷，山峰的顶尖上时常有积雪，不到盛夏不会融化，飘浮的白云就在头顶，好像伸手就能抓上一把。这么美丽又古旷的地方，一定是仙人和神龙的居住地。

　　以上这两段话的意思，出自赵孟頫的《天目山大觉正等禅寺记》，文中说：

　　臣僧往年游江南，历禅刹多矣。独天目山大觉

天目山禅源寺

正等寺为高峰妙禅师道场，地势清高，人力壮伟，实杭州一大伽蓝。……天目山在杭州於潜县，为浙右群山之宗。《图经》云"广八百里，高三万余尺，界乎杭、湖、宣城之间，穷岩幽壑，雪古云深，仙人神龙之窟宅"。

这篇碑记的作者赵孟頫，是南宋至元朝的著名书法家、画家、诗人。

赵孟頫与天目山，又有着什么样的深厚情缘？

赵孟頫的天目情缘，不仅因为绝美的天目山水，还与天目山中一位高僧有关，这位高僧便是前文讲述的中峰明本法师。

曾经担任江浙儒学提督的赵孟頫，来到天目山中游览，与中峰法师相见之后，一见如故，结为至交好友。

赵孟頫十分钦佩中峰法师的道行，拜他为师，成为法师门下的俗家弟子。

赵孟頫的字秀绝古今，他还为天目山撰写寺记，抄录经文和诗文，其中就有留传至今的名篇《天目山大觉正等禅寺记》，并抄写有明本所著《怀净土诗》一百零八首。

赵孟頫的妻子——著名女书法家管道升——陪着夫君来到天目山，一样深深钟爱这幽深旷古的仙山，敬佩中峰法师的才情和为人，留下了大量交往唱和的佳篇。管道升当时还萌发了一个心愿，就是想和夫君一起，远离红尘俗世，携手归隐天目山。

当然，赵孟頫当时上有君王恩宠，下有万众敬仰，脱身隐居哪有那么容易。

赵孟頫还有个身份，那便是宋朝皇室之后。所以赵孟頫成年之后，不用像别的学子一样，年复一年去参加科举考试，挤破脑袋过独木桥，他身为皇族子弟，凭借身世就可以入补官爵，也就是可以直接进入当官的队伍。在通过吏部的选拔之后，他的第一份工作是出任真州（今江苏省仪征市）司户参军，也就是州县里管理户籍、收税纳赋之类的小官，相当于现今的基层公务员。然而，到了咸淳七年（1271），也就是元朝的至元八年，元世祖忽必烈发布《建国号诏》，元朝建立了。八年后，随着丞相陆秀夫背着幼帝赵昺投身大海，南宋成为旧朝，灭亡了。

朝代更换之后，赵孟頫回到家中蛰居起来。其间，他没有因为朝政更替，自己失去了皇裔的身份与职务而消沉，反而更加发奋地读书写字。

再说元朝皇帝忽必烈，他像他的父亲成吉思汗一样，是有大智慧大胸怀的执政者。他以少数民族的身份统治了以汉族人为主的中国，但没有像有的征服者那样，大搞种族隔离、种族仇视，甚至是种族屠戮。他发出诏书，广召天下的人才出来做官，一起来建设国家。他还让官员专程来到江南，搜访隐居的宋朝遗臣学子，把人才推荐给朝廷。

结果江南推荐榜上的第一位，便是赵孟頫。

赵孟頫得到了元世祖忽必烈的重用，出任兵部郎中，这是仅次于丞相、尚书和侍郎的高官。赵孟頫没有在君王的盛宠之下迷失，他一直很清醒，担心在君王身边时间久了，让人嫉妒，引来祸事，所以力求外出任职。这样，赵孟頫于大德三年（1299）回到了家乡浙江，任集贤直学士、江浙等处儒学提举，也就是做主管一个地区儒学的官员。

赵孟頫在江浙职上，一干就是十年。

他正是在这期间来到天目山，与中峰明本法师相遇相知，结下了生死情谊的。

于是就有了大量的描写天目山的诗作，包括篇首的《题苕溪绝句》。

这首《题苕溪绝句》的大意是：天地开辟时，就有了这天目山中的苕溪，深幽的碧水在山涧中迂回绕行，没有一点泥沙。我居住在溪外人烟稀少的地方，就好像家被镶嵌在青蓝色的玻璃中。

先说说苕溪。

苕溪，发源于天目山，其中发源于山南面的称为东苕溪，发源于山北面的称西苕溪。这一东一西两泓碧波清流，是天目山地区，也是浙西地区的母亲河。河的两岸盛长着芦苇。每到夏末，芦苇开出一丛丛蓬松柔软的白花。河风拂来，白色绒花随风飘扬，就好像雪花在飞，十分好看。因为天目山当地人把芦苇称作"苕"，所以就把芦花掩映下的这条天目溪流称作苕溪。东苕溪从天目山马尖岗出发，自西向东流经临安的里畈、青山，经余杭，流到湖州。西苕溪从天目高峰天锦堂出发，流经有名的竹乡安吉后，与东苕溪汇合，可谓是姐妹双溪合流，然后一起注入太湖。因此，苕溪的发源地有个别称，叫"太湖源"。

"唤取谪仙平章看，过苕溪，尚许垂纶否"，这是宋朝词人张元干写苕溪的词作，大意是：请大诗人李白快来看看，这美丽幽静的苕溪边，是不是能合他的意，可以在此隐居，从此在苕花飘飞的溪畔，安心地垂钓。

苕溪

唐诗人罗隐、宋学士苏轼等，也都特别钟爱苕溪，写下了像苕花一样轻柔生动的诗作。

再说回赵孟頫。

要说赵孟頫的人生历程，便要说说他与妻子管道升的故事。

管道升是一位非常有名的才女。中国历史上有两位名气很大的女书法家：一位是卫铄卫夫人，她是晋代人，王羲之的老师；而另一位，便是元朝的管道升管夫人。

管道升是德清（今浙江省德清县）人，出生在大户人家，因为从小没有兄弟，父母把她当儿子一样养，让她饱读诗书，尽情地施展才华。管道升与赵孟頫的姻缘，不像平常儿女婚配那样，是父母之命、媒妁之言，而是自由恋爱。据说他们在京城相遇后，就成为知己，再结成夫妻。

同是浙江人的夫妻俩，对秀丽的家乡山水一定是无比钟情的。比翼双飞的一对贤伉俪，在春暖花开，在夏花灿烂，在秋色遍野，在冬雪初霁，在各个风景美丽如画的季节，一起徜徉大川原野，一起涉水泛舟游冶，并肩享受他们美好的诗书人生。

可以想象，当年赵氏贤伉俪一次次携手来到天目山，拜访中峰法师，游赏天目美景，咏吟天目山水，恰如神仙眷侣，比翼双飞。

延祐五年（1318）五月，暮年的管夫人病重，想叶落归根，回到浙江。赵孟頫不顾一切，向朝廷辞掉职务，在儿子的陪同下，护送妻子回乡。还没到家，管夫人支持不住了，香消玉殒，芳魂缥缈，病逝在归乡的船上。

中峰法师得知管夫人病逝的噩耗，连忙从天目山出发，马不停蹄来到赵孟頫的身边。身为高僧，他为亡者超度，以此告慰好友，帮助赵孟頫度过人生中的至暗时光。

正是有了中峰明本这位天目至友的关怀，赵孟頫在没有爱妻陪伴的晚年才没有消沉下去，而是重新振作起来，全身心参与佛法研究。在《还山帖》中，他留下了人生顿悟："卅年陈迹，宛若梦幻，此理昭然，夫复何言。但幻心未灭，随灭随起……"

这段话的大意是：三十年来的光阴，就像一个梦，也就是这么个理，又有什么好说的，但是我心中对于美好的希冀还是没有绝灭，也可以说是灭了又起来。

此后，与中峰法师交流佛法心得，成了赵孟頫的人生寄托。他在半年内写了五封信，封封都寄到天目山。

最后一封信里，赵孟頫说："贱体亦为老病所缠……惠茶领次知感，因大拙还，草草具答，时中为珍重之祝……"大意是：我的身体也是日益衰老，被病痛缠住了，谢谢大师赠送的天目好茶，上次因为儿子大拙回来了，就草草给你写了封信，希望你平安珍重。

这封信到达天目山的时候，写信的那个人却已经不在了。

至治二年（1322），赵孟頫去世了。

赵孟頫死后被朝廷追赠为江浙中书省平章政事，追封魏国公，谥号文敏。管夫人也被追封为魏国夫人。之后，夫妻合葬在德清东衡里戏台山（今德清县洛舍镇东衡村）。

噩耗再一次传到天目山，带给中峰法师的哀伤，可想而知。

在失去至友的寂寞岁月里，中峰法师写下了许多悼念的文字，其中有这样的话："我相公与魏国夫人，虽身抱冠世之奇才而不为其所惑，虽身婴毕世之尘累而不为其所障……"

大意是：我敬爱的好友赵相公和他的夫人，都是身怀绝世才华，但是没有恃才傲世，就算被俗世的尘埃遮盖，也还是目光清澈，能够洞穿世间万事万物。

时光游走。

千年不过是一个梦。

天之上，林深处，沧海与桑田之间，神仙夫妇一定依旧携手，一起遨游山川，一起吟诗作画，一起挥毫泼墨，一起笑看风云。

而恒久的天目山，依然铭记着赵孟頫为天目山创作与书写的佳篇。

参考文献

1.《二十四史》编委会编:《二十四史·宋史》,线装书局,2014 年。

2.《浙江通志》编纂委员会编:《浙江通志·天目山专志》,浙江人民出版社,2017 年。

3. 江跃良主编:《临安历代诗词汇编》,团结出版社,2020 年。

4. 林木:《曲折迂回的人品与画品——以赵孟頫和石涛为例》,《中国书画家》2017 年第 1 期。

5. 简华:《赵孟頫与天目山》,《今日临安》2014 年 2 月 20 日。

笑中带泪，一页辛酸说青藤

天目高高八百寻，夜来一榻抱千岑。
长萝片月何妨挂，削石寒潭几度深。
芋子故烧残叶片，莲花卑视大江心。
明朝欲借横空锡，飞渡西山再一临。
　　　　——〔明〕徐渭《登天目山宿宝珠上人房》

　　天目山这么高，有八百寻（古代长度单位，八尺为一寻）吧，晚上睡在床榻上，感觉身下环抱了千百山峰。长长的藤萝上，片月遥挂，也不关心峻峭山崖下的水潭有多深。空气中飘浮着焚烧芋叶的气味，寺院莲座上的菩萨轻视江河间的世俗人心。离开了天目山的来日，一定还想回到这里。最好能够借到横空飞起来的锡杖，越过大山高峰，然后稳稳地落在这里。

　　这段话就是篇首《登天目山宿宝珠上人房》的诗意。此诗作者徐渭，字文长，号青藤老人，绍兴人，为明代著名的文学家、书画家。

　　徐渭来到天目山的日子，是万历三年（1575）的秋天。当时在位的皇帝，是明神宗朱翊钧。神宗皇帝刚登基，大赦天下，才让徐渭有机会走出牢笼、重见天日，从而来到天目山中休养身心。

徐渭不是一个文人吗？怎么就坐牢了？这要慢慢地说。

先说说徐渭来到天目山时的境遇与心情吧。

"天目千重秀，灵山十里深"，说的是天目山满山秀色，深幽不见底。望眼看云，深山幽谷，山叠着山，峰连着峰，山上苍树翠竹，是整片沁人心脾的绿。在夏末秋初的季节，草木的生机没有减少，而清凉爽净的山风已经吹荡。清晨站上山巅，眼前云烟缥缈，山影若隐若现，就好像是神仙出入的洞天。日落前，面向西山，眼前群峰林立，树影清晰，却全都被镀上了一层金光，满目熠熠生辉，就像来到了佛国梵境。

在来天目山之前，徐渭去好友张元忭家喝酒述怀，说了此行的目的。张元忭，字子荩，是徐渭的同乡，为隆庆五年（1571）的科考状元。他有一位很有名的后世子孙，即明末著名散文家张岱。

当时两位绍兴文豪的聚会，记录在了一首诗中，便是《十四日饮于子荩太史宅留别》：

> 斗酒那能话不延，此行无事不堪怜。
> 弓藏夜夜思弯日，剑出时时忆掘年。
> 老泪高梧双欲堕，孤心缺月两难圆。
> 明朝总使清光满，其奈扁舟隔海天。

徐渭这首诗的字里行间，可以看出满满的哀伤，但是还有振作的决心，还是希望明天好起来。就这样，他整装出发，来到了天目山。再回首，看看过去了的整整七年的牢狱生活，是那么惨淡，那么难得见到天日。好歹，噩梦已经过去了，举目远眺开阔的山野，此时此刻，徐渭的心中一定是舒畅极了，恹恹病体里，也冒出了生机。

那就一步一步，向上迈进吧。

天目山上，有着大大小小的寺院。这些寺院藏身在山谷之中，被绿树遮盖，十分幽静。寺中不乏得道高僧。徐渭来时，就得到了宝珠上人的热情接待，让他直接居住在自己的禅房里好好地休息。

安安静静地睡上了好觉，心情也好了，精神也就有了。在禅房里休养了几天，徐渭再也坐不住了，走出寺院，要饱览这天目秀色。

天目山的景点非常多，有一线天、大树王、四世同堂，还有天目七尖，即七座又高又尖的山峰。其中的龙王山，是七尖里面的最高峰，也是浙西群山的祖峰。龙王山的顶尖，叫仙人顶。

登上仙人顶，起伏的群山都在眼底，白云飘游，远山黛影，无比壮观。山顶上有块巨石，上面刻着"天下奇观"几个字。在巨石的旁边，有一大块洼地，即天目天池所在地。只是后来，池中的水干涸了。

徐渭当年就在天目山仙人顶上，一览众山小。

其实徐先生本人，也是一座文化高峰，同样令人仰止。

除了西天目山之外，徐渭还去了东天目山。东天目

《天下名山图·天目》

有著名的八景，分别是仙峰远眺、云海奇观、经台秋风、平溪夜月、莲花石座、玉剑飞桥、悬崖瀑布、古殿栖云。徐渭当年一定漫步其中，遍览处处。

在天目山，徐渭尽兴攀山游览，也与友人饮酒畅怀，每到一处，每遇一事，都留下了诗词文章。除篇首的《登天目山宿宝珠上人房》之外，还有多篇留传至今。

如《天目山》：

> 铁罗汉已烧成尘，瓦铸观音又一新。
> 见说前村披木叶，青裙夜降紫姑神。

如《立玉亭》：

山当崖断孤亭立，竹树回环翠万层。
倒看夕阳深洞底，不知云外有归僧。

此诗的大意是：山上悬崖前建了座亭子，看上去像独自站立的一个人。山上覆盖着绿树翠竹，层层叠叠的。回头看看夕阳，仿佛坠落在山洞里。云天之外，不知有无僧人归来。

立玉亭是天目山中的一座山亭，建在幻住庵的南面。从亭子里望出去，峰峦叠秀，峭崖耸立，十分优美壮观。

在天目山，除了立玉亭之外，还有如斯亭、仰止亭、五里亭、十里亭等，各种各样精美的山亭，和山势与景状融化为一体，称得上如诗如画。

再如《古杉》：

断壁孤杉四十围，不关风雪阴霏霏。
柯南一国痴蝼蚁，长怪曾无白日飞。

此诗的大意是：树皮断裂的大杉树有四十个人才能合抱吧，风雪不能摧毁，树下一片阴凉。想树下蚁窝里的众多蚂蚁，是不是在做南柯一梦？树荫下忙碌一世的小蚂蚁，见不到太阳，还怪朗朗白日怎么不见了。

天目山可是大树王国，古杉、古松、古枫、古银杏比比皆是。世界上最大的柳杉群落，就在天目山。这些古杉，都有上千年的树龄了，树身高大挺拔，树冠就像撑开的巨伞。人在树下昂头仰望，只见密密的枝叶，见不到天上射来的阳光，一定会叹为观止。

在天目山中畅意徜徉的徐渭，一样叹为观止。

再说说徐渭来到天目山之前，他的人生遭遇。

徐渭出生于官宦人家，他的父亲叫徐鏓，做过四川夔州府（今属重庆市）同知。同知是次于知府的副职。徐渭出生的时候，他的父亲已经年迈，他的母亲不是父亲的正妻，而是妾。徐鏓丧偶之后，续弦再娶苗氏，因为苗氏不能生育，才又纳妾，小妾生下了徐渭。当时徐渭已经有两个哥哥，而他的哥哥们都已经是做父亲的人了。

徐渭出生后，就被交到苗氏的手上，由她来抚养。孩子都是娘亲身上掉下的一块肉，但是徐渭一出生，就要与生母分离。接着，噩梦接踵而来。徐渭出生才百天，他的父亲徐鏓就去世了。长到十岁时，在家中苦苦煎熬的生母，被苗氏赶出了家门。十四岁，苗氏也死了。之后，年少的徐渭只得随长兄生活。但是长兄比他年长三十多岁，两个人是兄弟不像兄弟，像父子又不是父子，又怎么能愉快相处？

在这样缺乏父母亲情的环境下成长，造就了徐渭敏感和沉郁的性情。

徐渭非常聪明，他六岁读书，九岁就能写文章，十多岁时就名气非凡，是远近知名的小神童，人们把他与东汉的杨修和唐朝的刘晏相提并论。徐渭成年后，人长得高大挺拔，诗文更是了不得，才思敏捷，华彩斐然，落笔成章，这让他在世俗的圈子里有些不合群了。在别人眼里，这小子不免有点孤高傲物。

但徐渭在考场上却屡屡碰壁。个中原因，可能是他过于豪放的文章和性格，在正统的社会中，特别是在当时拘泥死板的官场中，特别不受人待见。好不容易，在二十岁时，他才考中了个秀才。之后，他也就只能为生计奔忙。

就在徐渭疲于奔命的时候，国家也发生了大事，这便是倭寇作乱。所谓倭寇，是指 13 世纪到 16 世纪侵略我国以及朝鲜等国家的日本海盗。这些海盗既在海上打掠商船，也登陆洗劫村镇，十分猖狂。中国古代称日本为倭国，也就把日本海盗称为倭寇。

正当明朝军队在抗击倭寇的战斗中连连遭受败绩的时候，徐渭写了篇叫《陶宅战归序》的文章，指出明军中有能力的人在下，没能力的人在上，让没能力的指挥有能力的，只能打败仗。他的这篇文章受到了抗倭将军胡宗宪的重视。之后，在胡宗宪的招揽下，徐渭便来到军中效力。胡宗宪和徐渭，一武一文，都是身有大才的人，有他们文武相辅，很快就大败倭寇，最终平定了浙江等地的倭患。

照理说，胡宗宪和徐渭抗倭有功，应该得到朝廷的奖赏。但是平倭之后没多久，胡宗宪便出事了，他被牵扯进了奸臣严嵩的案子里，结果被革职关进了大牢。含冤莫白的胡宗宪竟然在牢狱中自尽了。

作为胡宗宪的幕僚，徐渭称心如意的日子也就到头了。不过，他没有被逮进监牢，但却疯了。想想也是，胡宗宪不管是作为上司还是朋友，都给了他极大的恩遇，恩公与至友的含冤枉死，给他带来的触动和打击实在太大了。同时，他也害怕冤狱会降临到自己的身上，加上性情本来就比一般人敏感，结果就导致了精神错乱。

患病期间，徐渭干了两件匪夷所思的事。一件事是自杀，他拔下墙壁上的铁钉，钉进自己的脑袋里，没死；

又拿锥子戳自己的身体，还没死。一连自杀了九次，都
没死成。第二件事，他杀了续妻，也就是原配死后再娶
的妻子。

徐渭杀人之后，被关进了大狱，只待判刑问斩。他
的文人朋友们都知道他的才干，不愿眼睁睁看着他送死，
就纷纷向朝廷上书，想方设法营救他。最后，在牢里待
了整整七年的徐渭，在新帝登基大赦天下的时候，总算
被赦免出狱，恢复了自由身。

徐渭出狱后，在杭州、南京和富春江一带游历了一
段时间。也就在这个时候，已经年过半百的徐渭来到了
天目山。

待到身体好转之后，他又离开了天目山，继续他命
运多舛的人生。

之后，徐渭的病情时好时坏，生活也只是勉强支撑。
当然，如果他想过富足的生活，甚至锦衣玉食，也不是
没有可能。要知道，他当年的名气很大，大到朝野尽知，
而他的书画造诣也非常高，特别是他的花鸟画，那可是
一出手就是珍品宝物，因此有许多人捧着金银上门求他
的字画。要是为了挣钱，尽管写吧画吧，完成了好交易。
可徐渭不是这样，他干什么都还是由着自己的性子来，
所以遇上他囊中空空的时候，人家求上门来，他或许会
画上一幅，要是手头还有点余钱，任凭人怎么央求，他
都绝不动笔。

徐渭最著名的画是《墨葡萄图》，他在图上题了
一首同样很著名的诗："半生落魄已成翁，独立书斋啸
晚风。笔底明珠无处卖，闲抛闲掷野藤中。"诗句的意
思是：自己已经碰壁落魄了大半生，孤独又坚强地归于

〔明〕徐渭《墨葡萄图》

书斋，迎对风雨。我所创作的好东西没人赏识，那就不如随意抛掷到画里的葡萄藤中吧。

哪里是作品无处卖，是世人求之不得。真正无法施展的，是先生的才华与抱负吧。

晚年的徐渭更加厌恶滚滚红尘中的世俗之人，只和被他认可的旧友门生交往，遇上不符合他心思的人上门，他会推门大声说："徐渭不在！"才不管人家高兴不高兴，尴尬不尴尬。

杭州风雅 HANG ZHOU

"忍饥月下独徘徊"，忍受肚子里的一片空空，孤独又桀骜地徘徊在月光下。

这个饿着肚子的桀骜老头，与解缙、杨慎齐名，他们被称为明朝的三大才子。

万历二十一年（1593），徐渭在穷困潦倒中走完了坎坷艰涩的一生，享年七十三岁。

据说在他去世时的破屋里，床上连一条席子都没有，只有一条老狗在旁边相伴。

一代大才子穷困到死，但他的一生不是白活的，他给后世留下了《徐文长集》《路史分释》《南词叙录》等著作，还有不少书画与戏剧作品，以及宝贵的军事经验。

是不是可以这样说：徐文长先生是中华历史长河中一度蒙尘的璞玉瑰宝，他以"眼空千古，独立一时"的姿态，傲立人间，傲立永年。

就好像那挺立在天目石崖上的巍巍青松。

参考文献

1. 江跃良主编：《临安历代诗词汇编》，团结出版社，2020 年。

2. 蔡丹：《从徐渭咏史诗看其对世俗传统的悖逆》，《安徽广播电视大学学报》2019 年第 1 期。

冯居士自从游天目，
从此一心向净土

群峰行不尽，天半识禅扉。
古木阴垂地，高云冷拂衣。
山僧能款客，钵饭亦忘机。
帝子遗经在，淹留恋夕晖。
　　　　——〔明〕冯梦祯《昭明寺》

　　万历十五年（1587），大明的一代名相张居正去世，一代名将戚继光也去世了。而已经早早从朝臣班列中抽身的冯梦祯，从杭州孤山启程，去往天目山。

　　这是夏末的日子，从东面扬尘而来的车马，停在了山脚。车上下来三四个人，其中一位中年男子，头发束起，身上穿着青衫，脚下一双布鞋，走起路来有些飘然，不像平常人，有点高士神仙的风骨。一行人来到天目山脚，仰望高不见顶的巍峨大山，又看看门楼石壁间的题字，然后穿过山门，顺着绿荫遮蔽的山路，一步步向上走去。

　　这位神仙风骨的来人，便是冯梦祯。

　　冯梦祯，字开之，号真实居士，浙江秀水（今浙江省嘉兴市）人，明代诗人，著名佛教居士。

155

冯梦祯像

顺着冯梦祯的目光，看看天目山景。眼前，草树绿得浓郁，夹杂着野花的清香和泥土的芬芳。一处处岩石兀立，像野牛，像奔马，千奇百怪。一条山溪顺着山岩流淌下来，水声清越。来到大树下面，昂起头来看，好像整个天空都被大树给撑了起来，透过密密的枝叶，看到其中几片碎碎的青蓝。

"天目千重秀，林海十里深"，在天目山，看不完绿意葱茏的美景，好像也走不完脚下绵绵不尽的道路。一行人走了大半天，肚子都开始咕咕叫了，就停下来，抬头望去，前面有个寺院。上前一看，叫昭明寺，正是当年昭明太子萧统在天目山中分经的地方。他们连忙进寺庙，拜会寺中的高僧，然后在僧人的热情招待下，在寺中用餐。

因为又累又饿，这一顿不比平常更好的素餐，他们吃起来却觉得异常香美。吃完之后，冯梦祯还写下了诗篇来纪念与赞叹，也就是篇首的《昭明寺》。

这首诗的大意是：天目山群峰绵绵，怎么也走不到尽头，午后好不容易看到了寺门。只见大树古木一片苍郁，高山上的风云拂动衣衫，让人觉得太冷了。寺院中的僧人，挺能招呼客人。一钵素食，吃得非常有味。昔日梁太子萧统的分经台还在，淹留在夕阳的余晖之中。

冯梦祯在天目山写下了许多诗篇，还有《天目山观瀑布》《分经台》等。

从冯梦祯的诗篇里，领略一回四百年前的天目风景与风情。

《天目山观瀑布》：

> 仙源不可见，悬水鸣日夕。
> 隐隐何轰轰，直下数百尺。
> 天地岂有物，潺湲何时息。
> 此声非水生，非从石间出。
> 水石两无功，岂是虚空力。
> 如声色已然，观出安可得。
> 欣然二三子，宴坐谈秘密。
> 山僧送酒来，且共开涓滴。

诗文的大意是：神仙的洞府一时还找不到，有水声在这黄昏的山林里响着。再看瀑布，从隐秘的深林间流出来，轰然直冲下来，看起来瀑身好长呀，有几百尺吧。这天地间看起来并没有什么存在，而水永远流动，不知道什么时候会停息。这样的声音，不是水本身生发了的，也不是从石头发出的。看起来好像水和石头都没有作为，但又不是虚空导致的。有的事物，听到声音也就明白体态了，哪怕见不到发源。我和我的几个朋友，悠闲地坐在山间，谈论着各自的心头小事。有天目山寺院中的僧人，送了一壶酒过来。于是把酒打开斟上，就是这点酒太少了，不够畅饮，只能小口地品尝。

想象一下，在一挂瀑布下的小路上，三五好友，伴着瀑布飞溅的水声，衣袂飘飘地走来，走进山崖上的小亭子里，围坐在一起，谈谈你的诗，说说我的文章，议论一下朝廷政事。

人在深山，树木无耳，好朋友就打开心声畅谈一番吧。

但冯梦祯到达天目山的目的，除了游览会友之外，还有一件大事：作为一名皈依佛门的俗家弟子，即在家修行的居士，他要进山来修炼，还要专门辟谷。

所谓辟谷，就是暂时不吃五谷杂粮，是古人常用的养生方式，也是佛家、道家的一种修炼方式。

天目山，肯定是供人修炼的好地方。

要知道，天目山是东南禅宗祖庭之一，在佛教中有着很高的地位，是向佛之人的圣地。天目，原本就是一个带有禅意的名字。佛教有所谓"开天眼"，也称为"天眼证智通"。照佛家的说法，就是色界天的眼根超越了大地的远近、时间的过去和未来，所以一切现象都能明见。通俗点说，就是一个俗人的眼睛只能看见眼前，而开了天眼的人，能看见过去与将来，以及常人看不见的东西。

冯梦祯顶礼膜拜各处寺院与佛塔之后，就来到山巅的石洞里，开始了他的修炼。这悬崖之间的石洞，是否就是当年谢安藏身的地方？

在他的《快雪堂日记》中，有这样的记载："上天目，坐高峰死关前，昼夜策厉。至三七日，倦甚，欲就枕，忽见高峰禅师，斩其坐臂……淳熙遂终身行之。"

这段话的大意是：上了天目山，坐在高峰的死关（无路可通之地），日夜督促勉励自己。到了二十一日，太累了，打算躺下，忽然间看见高峰上有禅师走来，打消他想睡的念头，也就清醒明白了，从此终身走上了向佛的道路。

再说说这位冯梦祯冯学士的人生来路。

冯梦祯从小就非常聪明，很喜欢读书，有时候晚上读书，读着读着，天亮了都不知道。二十三岁时考中了举人。但是考进士的过程不是很顺利，考了三次才终于考中。之后，冯梦祯被选为翰林院庶吉士。

庶吉士，是从进士队伍中挑选出来的拔尖人才，也就是人才中的人才，尖子中的尖子。虽然说庶吉士在翰林院中任职是短期的，但却是皇帝的近臣，负责起草诏书、讲解经籍，算是要职。所以说，庶吉士看起来只是一份文职工作，却是个令人看好的位置，因为从这里出发，如果顺利，将来完全可以成为一言九鼎的内阁大臣。

但是，冯梦祯在这条好通道上却没有前进，而是后退了。为什么？因为他为人耿直、有话直说，竟然把朝中首辅大臣张居正给得罪了。得罪张大人的冯梦祯，在京城呆不下去了，那就卷铺盖走人吧。冯梦祯倒也干脆，直接辞去官职，离开京城回到了家乡。

冯梦祯回乡几年后，又被朝廷起用，做到了南京国子监祭酒。只是很快又受人弹劾，被免去了官职。

　　一再遭受挫折之后，冯梦祯已无意于做官，欣然回到杭州，后来还在孤山下买了块地营建别业，并将其中一间堂命名为"快雪堂"。冯梦祯有《快雪堂集》传世，其中记录了当时的文人生活、风土人情以及东南地区的佛事活动，还有冯梦祯来到天目山的所见所感，是一份宝贵的史料。

　　冯梦祯交游广阔，其好友中有同榜进士屠隆，有《牡丹亭》的作者、戏曲家汤显祖，还有佛教高僧紫柏、莲池、憨山等人。

　　这一回，冯梦祯与三五友人来到天目山喝茶，还完

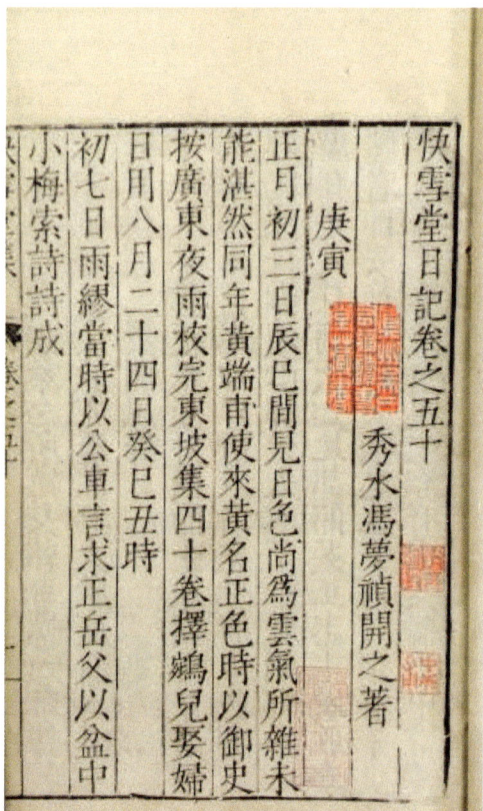

《快雪堂日记》书影

成了辟谷修炼。之后，冯梦祯多次进天目山修炼，潜心向佛。

冯梦祯的死，也与一位佛教人物有关。这位人物，就是当时的高僧紫柏真可。

明末有著名的四大高僧，即莲池大师、蕅益大师、憨山大师和紫柏大师。这位紫柏大师，是性情激烈、义薄云天的一位高僧。当时的南康（今江西省赣州市南康区）知府吴宝秀是紫柏大师的好友，因为得罪朝中弄权的太监，被押去了京城。紫柏大师知道消息之后，不顾一切，要去京城鸣冤搭救。冯梦祯等人知道奸人当道，紫柏大师此行肯定是凶多吉少，怕他不仅救不了友人，还要搭上自己的性命，就劝他不要去。但紫柏大师说，俗人们断发如断头，和尚没有头发可以断，但还是有颗脑袋可以供他们砍的。紫柏大师入京后，果真像冯梦祯预料的那样，被锦衣卫抓住关进了牢里，受到严刑折磨之后，就在牢狱里坐化了。

冯梦祯得知紫柏大师坐化归西的消息后，十分难过，真是既悲伤又郁闷。但在当时黑暗政权的高压下，他有苦有冤有悲伤，又该怎么发泄？

今天，或许许多年轻人不太知道，四百年前有位叫冯梦祯的大学士，他信佛礼佛，曾经与林和靖先生的梅花相伴，写下了大量诗词文章，还给天目山写下了许多名篇佳作。

当然，孤山记得，天目山记得。

天目群峰，状若盛开的莲花。

莲花丛瓣之中，一定有高人，正在打坐。

盛世莲花。

无比祥和。

参考文献

1. 江跃良主编：《临安历代诗词汇编》，团结出版社，
2020 年。

2. 胡玺:《冯梦祯研究》,硕士学位论文,浙江大学文学院,
2011 年。

3. 邹定霞:《"白水先生"冯梦祯与明代士大夫茶文化》,
《福建茶业》2017 年第 5 期。

4. 丁若遗:《"神与物游":晚明文士冯梦祯的休闲生活
——以〈快雪堂日记〉为中心的考察》,《名作欣赏》2012
年第 5 期。

5. 王火红：《从〈快雪堂日记〉看冯梦祯闲居生活的墨
色书香》,《嘉兴学院学报》第 25 卷第 1 期，2013 年 1 月。

天目山中藏七绝，
袁中郎妙笔生莲花

高攀天目西，衣上云雾结。

独立响水岩，一听一回彻。

万壑竞雄流，岂与庐山别。

松生玉柱峰，根迸石纹裂。

夜色间虚堂，朝晖乱云阙。

露出万重尖，重重青点雪。

——〔明〕袁宏道《天目山咏》

　　这天目山呀，真是幽静、深邃奇绝的地方，其人文历史非常悠久，它的美丽，真是难以用言语来表述。从山脚到山顶，大约有二十里的路程。一般的深山幽谷，大多是一片荒凉苍茫，天目山却不是。看这里的山峰像削出来的一样，山路像带子一样盘绕。那些苍朴的大山，很少见到鲜丽的颜色，磅礴的神川，也难有精雕细刻的玲珑，高山中不见流水，岩石裸露没有植被覆盖，这都是大山的缺点。但是天目山不一样，天目山随地可以看到泉水飞瀑，可以看到大树掩映下玲珑精致的寺院，山中有奇异的高峰巨岩，但山体却一片绿意葱茏，植被非常茂盛。而且在天目山，清晨在山巅看云，觉得那云既像白色的丝帛，又像涌动的海浪，实在是太壮观了。

这段话出自一篇叫《天目》的游记，作者是袁宏道。

袁宏道，字中郎，号石公，是湖北公安县人。袁家兄弟三人，哥哥袁宗道早早考上了进士，袁宏道在二十五岁同样金榜题名，而弟弟袁中道虽然考试中多次落第，但也在四十四岁时考上了进士。袁家三兄弟都考上了进士，并且都是诗文大家，实在是非常光彩，让门第生辉。更难得的是，三兄弟一起读书写诗，成就了一个诗歌流派，叫"公安派"。

作为"公安派"旗手的袁宏道，对当时的复古诗风非常排斥，他提倡诗文创作"性灵至上"，也就是写作中要有真感情、真性情。

袁宏道进士及第之后，担任过吴县（今江苏省苏州市吴中区）县令、礼部主事等职务。袁宏道在官任上，整顿吏治，清理赋税，替民着想，为民办事，受到了一方百姓的感戴，政绩出色。但是作为一位为老百姓呼喊的清官，在当时昏君奸臣当道的黑暗时势下，想要实施自己的想法和抱负，可就艰难了。而且官场上，更多时候需要按照规矩来做事，甚至是照规照矩地来做人，这对于一个追求敞开心胸、"性灵至上"的人来说，无疑是无比压抑的。因此，袁宏道早早地结束了自己的仕途生涯，辞职回家了。

解除身心镣铐，要痛快地放飞自我。

那么，不想做官的袁宏道，他最大的兴趣爱好是什么？

他的爱好，也是古今文人的共同爱好，除了读书作诗，那便是徜徉在山水田园之间，看山，看水，看飘游的云朵与山尖海面的日升与日落。

万历二十五年（1597）春天，袁宏道把家小带到无锡安置下之后，一个人逍遥自在地来到了杭州。

也就是这趟杭州之行，让袁宏道得到了一座山与一个人。这座山，便是天目山。这个人，便是绍兴大才子徐渭。

袁宏道到达杭州之后，住在好朋友陶望龄的家中。陶望龄跟徐渭是同乡，进士出身，做过翰林院编修、国子监祭酒，是一位大学问家。陶望龄家的藏书很多，袁宏道好读书，住下之后赶紧找书看。这一找，就找出了一叠诗稿。这稿子看上去很久没被人翻动了，稿纸间蒙了重重的尘灰，墨汁也褪色了，快要看不出字迹了。袁宏道却没有丢开，稍稍清理之后，便在灯下读了起来。才读了几首，他跳了起来，大声叫道："啊呀，这才是真正的诗文大家啊！"连忙问陶望龄作者是谁。陶望龄说是他的同乡徐文长，但在五六年前已经过世了。袁宏道听后，觉得不能与大师巨匠在有生之年相遇相交，实在遗憾，也就只能在文字中神交了。

袁宏道捧着徐渭的诗稿，连觉也不睡了，一读再读，认为徐渭诗奇，书画奇，人也奇，真是个奇迹。而徐渭这样一位文学巨匠，书画大师，生前却得不到时世的认可，不免让袁宏道感觉异常悲愤，当下就写了名篇《徐文长传》。

对天目山这座神山，袁宏道早就心生向往，现又从徐渭的诗中读到，越发生敬，于是就急不可待地从杭州

165

赶到了天目山。

走过了庐山、嵩山、华山等奇山异谷的袁宏道，来到天目山，面对这雄伟峻峭却又无比秀丽的山水，就像读到了徐渭的诗文一样惊呼赞叹，觉得自己来到了神仙居住的府地，又见到了奇迹。

也因此，袁宏道以他无比的钟爱之情与龙飞凤舞的妙笔，为天目山书写了太多的华章，有散文《天目》两篇，有诗词《於潜道中偶成》《浩歌登天目峰顶》《天目戏书所见》《宿幻住晓起戏题》等，还有篇首的《天目山咏》。

这首《天目山咏》的诗意是：爬上了高高的西天目山，衣衫上面都附上了云珠雾粒。独自站立在响水岩上，听到这天籁般的山水声，真的能让人身心安宁彻悟。看眼底，千山万壑，好像江流海潮一样竞争奔腾，这样的气势与庐山相比，又有什么区别？再看高处，松树生长在玉柱一样的峰顶上，树根强壮地生长，使得岩石都迸裂开来。夜晚的时候，苍茫的夜色慢慢笼罩起安静的山房。清晨醒来，走出屋子一看，只见一团团云雾在山腰间密密地交织飘走。群山露出一点山尖，那山尖上翠绿之间还带有白点，是还没有融化的雪吧。

读过这首诗，要说说天目松。在之前李白的篇章里也提到过，天目山上有松树，"松生玉柱峰，根迸石纹裂"。

先说这玉柱峰，也就是天柱峰，在前面的文章中已经介绍过，它是天目群峰的最高峰，山顶有许多褐色的石条，横的，竖的，各种各样，千奇百怪，就像是仙人在山巅上玩游戏用的积木。其中有块巨大的石头，四面方正，昂耸直立，就好像一根擎天的石柱。擎天巨石上原本刻有"天下奇观"四个大字，后来因为建造天文站，石柱被炸掉了一半，现如今只剩下一个半字，成了"可观"，虽然遗憾，倒也还算有趣。

在这绝顶苍崖之间，生长着松树，而这种环境中存活的松树，必须不怕大风吹刮，不怕霜雪摧压，一株株都极具顽强的生命力。松树的根深深地扎在了岩石中，随着劲根的生长，能够将坚硬的岩石都给挤开，挤得岩进石裂，实在是强壮。

目睹了天目劲松，无比热爱天目山的袁中郎在天目山遨游的那段日子，可以说是他心情最舒畅的时候。他不用像年轻时候那样，为功名前程，不得不读一些自己不喜欢的书，做一些自己不喜欢做的事，而且现在他已经辞官，不用背负官场中的重压了，所以在他的笔下，山是那样青翠，石是那样洁净，山泉溪流是那样亲切明亮，连瀑布也像一条条玉带，要是用手摸上一摸，一定轻软又柔和，说不定还有人体一样的温度。因为作者的身心是温热的，所以通过他的心灵与笔尖呈现出的万事万物，也都有了温度。

袁才子一篇篇清新流畅、趣味盎然的文字，读来让人耳目一新，也给明代当时死寂的文坛注入了生机与活力。后世的散文家张岱说，古往今来写山水诗的高手，最早是北朝的郦道元，再后来是唐朝的柳宗元，最近的就是袁宏道。事实上，张岱认为袁宏道是明朝书写山水文章的第一人。

万历二十八年（1600），袁宏道的兄长袁宗道去世，他请假安葬兄长，回到了老家公安。之后，他在公安城南建造了房屋"柳浪馆"，想跟陶渊明一样，隐居在人间，

长虹绚瀑

从此再不听车马的喧闹声。隐居了六年之后，在朝廷的
催促下，他又离开家乡，回到了京师。

　　回到京师的袁宏道，潜心研究起戏曲与小说，与当
时的戏曲家汤显祖成为好朋友，又大力向世人介绍推荐
《金瓶梅》《水浒传》等作品，认为这些作品摆脱了传

统的束缚，别开生面，都是名作佳篇，值得被世人接受与学习。正因为在袁宏道的大力推荐下，《金瓶梅》《水浒传》这些作品得到了广泛传播，成为世人耳熟能详的名著，传世留芳。

万历三十八年（1610），袁宏道终于可以真正结束仕途生涯，回归家乡了。他打算安闲之后，再好好读书写诗，好好游山玩水。但是，或许天庭中的文坛缺少了一位领军人物，上天急急地把袁宏道请去了。才回到家乡不久，袁宏道就得了重病，没几个月便遽然去世了，终年四十三岁。

在袁公留下的美文里，再看看被他赞叹的天目山七绝。第一绝，瀑布倾泻而下，就像万匹丝罗绸缎；第二绝，山石巨大，却别具玲珑；第三绝，深谷中的一座座寺庙，全都精工细致；第四绝，打雷的时候，雷声不像别的地方那般凶猛，听起来好像婴儿哭，也就不令人心悸害怕；第五绝，云团缠绕在山腰间，一座座山尖像散落的浮萍，就像如梦似幻的云海仙境；第六绝，满山大树华盖已经十分稀罕，巅峰的岩石间还有低矮又蓬勃的松树，真是好看又珍贵；第七绝，天目山中有好茶和好笋，天目头茶比龙井茶还馥郁芬芳，喝上一口，清香悠长，而天目竹笋看起来跟绍兴等地出产的差不多，但是烹煮之后入口的香味，远远不是别处的竹笋可以相比的。

深深天目山，藏着太多的好与妙。

公安袁中郎，一定是天目大山的知音。

参考文献

1. 江跃良主编：《临安历代诗词汇编》，团结出版社，2020 年。

2. 崔萍：《论袁宏道的山水自然观》，《西南科技大学学报》第 36 卷第 1 期，2019 年 2 月。

3. 傅德林：《浅谈袁宏道的游记散文》，《北京师范大学学报》1987 年第 4 期。

4. 沈维蕃：《袁宏道年谱》，《中国文学研究》1999 年第 1 期。

钱柳夫妇望天目，
　　　　山峰高低是不同

> 东西天目两峰垂，曾与高人学采芝。
> 人世但余青嶂在，此生空有白云期。
> 雪中樵径流泉记，雨外禅灯去鸟知。
> 旧事撞胸如水碓，停车惆怅立多时。
> 　　　　——〔清〕钱谦益《余杭道中望天目山》

天目山中，几个拎竹篮提布袋的人，沿着山溪，拨开茂盛的柴草，进入大山深处，一直攀上了山崖。这些人，并不是山里的村夫民妇，看他们一个个衣着整齐，脸面干净，像是读书人，其中还有几位僧人。

天目山风景优美，不仅是大树的王国，还是一座天然宝库，其中就生长着世间十分罕见的中药材，比如被称为仙草的灵芝。摩天的石崖，那是猿猴也难以攀爬到达的地方。这些石缝之间，会生长出最好的灵芝，叫赤芝，云朵一样的芝瓣，遍体通红，十分好看，传说人吃了这样的灵芝会长生不老。

这些采灵芝的人认出领头的僧人是韦陀寺的住持憨山大师。随憨山大师一起采灵芝的，都是他的朋友，其中有一位是从金陵来的大学士钱谦益钱先生。

大树王国

　　说起来，这天目山乡，还是钱谦益的原乡，因为他是吴越国王钱镠的后裔。

　　想当年武肃王钱镠"一剑霜寒十四州"，创立了吴越国，后来在孙子忠献王钱俶的带领下，纳土归宋，之后钱王的家人和族人大多离开了原乡临安，分散在全国各地。而钱氏的后裔子孙，因为有良好的祖训与家风，一代代都是人才辈出。出生在苏州的钱谦益，也可以说是人中龙凤。

　　他是大明万历三十八年（1610）的探花郎。

　　要知道在古代科举的选拔中，钦定头名状元主要看才华，而第三名的探花，不仅要有才，还得有貌。所以说，身为探花郎的钱谦益，一定是才貌都很出众。

　　一面是新科探花，一面是早已远播的诗文名声，这样的人才俊杰，他接下来的人生，一定是前程锦绣，风光无限吧。

未必啊。

钱谦益中榜后，还没接到朝廷任用的消息，先接到了父亲过世的噩耗，好心情一下子没有了，赶紧回家奔丧。他丁忧守丧，闲居了好些年，直到天启元年（1621）才步入仕途，来到浙江，任乡试的主考官。在浙江没过多久，就被召进京城，任右春坊中允，参与修撰《神宗实录》，即进入太子所在的东宫，出任编书的职务。

此时，朝廷查出在钱谦益任主考官的浙江考场上，出现了考试舞弊，有考生串通考官，在卷面上做了手脚。虽然钱谦益并不知情，但他身为主考官，也受到了牵连。朝廷给了他一个通告处分，还减了他一部分俸禄。钱谦益对此肯定有些恼怒，却又不能发作，干脆称病告假，回了老家。

赋闲在家的钱谦益开始游览名山大川，结交诗文好友。因此，他来到了天目山，拜会了在山中修炼的高僧憨山大师。

憨山大师的法名叫德清，是明末的四大高僧之一，与前文说到的紫柏真可大师是至交。憨山大师是位道行深厚的高僧，据说他在道场讲学的时候，赶来听讲的人成千上万。而且他还是位为民请命的义僧，为救济受灾的百姓民众奔走，以致得罪权贵，多次下狱。在经历起伏之后，憨山大师来到天目山静修，侍奉韦陀菩萨。

汉传佛教认为，天目山是韦陀菩萨的道场。所谓道场，即讲经学道的场地。每位菩萨尊者都有自己的名山道场，比如浙江普陀山是观世音菩萨的道场，安徽天柱山是地藏菩萨的道场，四川峨眉山是普贤菩萨的道场，山西五台山是文殊菩萨的道场。

钱谦益与憨山大师，早先就在苏州相识交往了。钱谦益自称是大师的弟子，为大师写过很多文字，比如《憨山大师梦游全集序》《憨山大师真赞》等。因此他们名为师徒，实为好友，两个人的关系非常密切，交游往来也十分频繁。憨山大师住在天目山的数年里，钱谦益也一趟趟来到天目山。

钱谦益有诗云："耦耕旧有高人约，带月相看并荷锄。"大意是：高人邀约我来到乡间，朋友白天一起劳作，晚间又一起荷锄而归。这样的生活情境与画面，是多么令人向往啊。

不过，这时候的钱谦益哪里舍得下万丈红尘的世间？虽然说天目山的清幽静谧让他有所向往，但是世间的名利以及情爱，更令他痴迷。

说说他生命中的两朵"花"吧。

第一朵花，也就是前面说的"探花"。中了探花之后，钱谦益声望很高，不仅在朝中做官，还成为当时东林党的领袖。作为东林党成员，在宦官的打击下，钱谦益很快被革职了。

不久之后，钱谦益再度复出，但是因为他在为人上有不磊落的一面，在一次举荐同僚的时候，为了保证自己能胜出，暗中做了手脚，后被人发现，就再次受到排挤，被削去官职，只好重新回到老家苏州。

几起几落，这位前科探花在官场上很不顺利。但这并不影响他的名声、他江南名士的身份，以及他东林党领袖的头衔，他走到哪里，都让人肃然起敬。像憨山大师这样道行高深的僧人，也愿意和他深交。

钱谦益人生中的第二朵花，便是他的夫人柳如是。

柳如是原名杨爱，字如是，号河东君。

杨爱生得好看，人又聪慧，如果在安耽的家庭环境里平安顺利地成长，人间一定会多一位相夫教子的贤良女子。但是杨家的家境不好，杨爱小时候就被父母送给了姨家抚养。姨家很富裕，姨父爱听戏，常带着小杨爱一起听戏唱戏。哪知姨父后来迷上了赌博，把家产输了个精光，连杨爱也被送进了乐坊，沦落成了乐籍妓女。也有人说，杨爱从小就被父母卖进了青楼。无论如何，杨爱入了乐籍，并且改名为柳隐，后来又改名为柳如是。

柳如是人长得好看，戏唱得好，还能写诗，这样一位才貌双全的女子，在人群中一定是出类拔萃的。据说当时金陵（今江苏省南京市）秦淮河上，有八位才貌双绝的歌妓，号称"秦淮八艳"，而柳如是位居八艳之首。

虽然身在乐籍，但柳如是不恋财而恋才，爱慕才子。她一开始和松江（今上海市松江区）陈子龙交往。陈子龙也是进士出身，乃诗文高手。如是很想与陈学士相伴生死，根本不在乎什么妻妾的名分，但还是遭到了陈家人的极力反对，被棒打鸳鸯。

而后，她遇到了钱谦益。钱谦益见了柳如是，那一定是魂魄出窍、惊为天人的。再一读其诗词，又觉得是个不折不扣的才女。从此，哪怕人间有万紫千红，他只爱她这一朵。而柳如是，同样被钱谦益的才华所倾倒。

相见恨晚的两个人，决定不顾一切地走到一起，相伴相守，再也不分开。

崇祯十四年（1641），当时已经五十九岁的钱谦益迎娶二十三岁的柳如是。

柳如是的出身是妓女。当时，虽然士大夫寻花问柳被认为是风流潇洒，不伤大体，但要把妓女接回家纳为小妾，就一定会受到阻挠，也会遭人诟病。再说真要是纳妾也就算了，府院开扇边门，一顶青轿天不亮悄悄抬进去，也就完事了。可他钱谦益接柳如是，可不是用纳妾的礼数，而是大红花轿，敲锣打鼓，从十里秦淮一路风风光光地接过来的。这分明就是迎娶正妻的礼仪。

钱谦益与柳如是的婚礼，所受的阻止与打击可想而知。不要说家人，就是连知道情况的路人，也纷纷拦着，不让他们的喜船靠岸，还纷纷往船上扔石头。

可爱情的力量，是无可阻挡的。

婚后，钱谦益不许家里人称柳如是为姨娘，必须尊称夫人，还给柳如是在虞山下盖起了两幢豪宅，一幢叫绛云楼，一幢叫红豆馆。

从此，两个人在爱巢里读书论诗，谈经作画，过起了神仙眷侣般的日子。

然而，一场特大的地震要来了，震得是地动山摇，河川变色。

柳如是画像

钱谦益画像

李自成的起义军攻破了北京，崇祯皇帝在煤山（今故宫内景山）上自缢身亡，明朝灭亡了。紧接着，清兵越过山海关，直扑而下。

大明，换成了大清。

清顺治二年（1645），清军兵临南京城下。

这个时候，南京城里有气节的士大夫，作为遗民遗臣，虽然阻挡不了铁骑的所向披靡，但保持着士人的传统气节，宁愿死，也不愿屈服。比如早先令柳如是心仪的陈子龙，他在抗清失败后，就跳湖殉节了。还有河南的官员越其杰、袁枢等人，绝食而亡，宁死也不肯吃一口清朝的米饭。

柳如是，这位出身乐籍的歌妓，在国破的时候，显示出了女丈夫般的非凡气概。她对丈夫钱谦益说："我们也一起跳湖吧，你殉国，我殉夫！"

钱谦益开始也答应了，可他来到湖边伸手探一探湖水，说："这湖水太冷了，怎么办？"

水冷，奈何？

这句话，从此在史书中留传了下来，成为一句讥讽软骨人士的常用语。

而柳如是，她却什么也不多说，飞身跳进了湖里。

钱谦益哪里舍得玉人就此消逝，赶紧把她拉住，使劲拽上岸来。

随后，钱谦益带领着南京城里一批软弱的士人，打开城门，向清军投降。

钱谦益在清廷中又做了官，做到礼部侍郎兼翰林学士。作为一名失节的士人，就算你投靠了人家，人家也未必看得起你。钱谦益做了不到一年官，不入清帝的眼，便又灰溜溜地回到了老家。

钱谦益变节降清之后，天下大势已定，但他并没有安心做新朝的臣民，反而扯起了反清复明的旗帜。他与郑成功等人暗中联系，支持他们开展从南到北的一次次北伐。不过江山大局已定，又哪里是钱谦益这样的文臣弱将们所能撼动的？

也就在这个时期，钱谦益一次次北上南下，东奔西走，又一次来到了浙江。经过余杭时，望向他曾经登临的天目山，写下了篇首的《余杭道中望天目山》。

这首诗的大意是：东天目山与西天目山，两座大峰高高垂地，我在那里曾经与高人一起学习采摘芝草。总希望人生中还有那一屏可以放纵自我的青山，但恐怕一辈子再难像白云那样自由地游走了。雪地里的柴径小路，只有流泉记忆。雨下那盏佛寺灯火，飞离的鸟儿是否记得？已经过去的事情，就像流水不停推动碓杵一样，一下一下撞击着我的胸口，停下车来，我遥望着天目山，满腹惆怅地站立了许久。

国破易朝之后，再回想当年憨山大师等朋友曾劝他舍弃万丈红尘中的千尺浪，要是听从箴言规劝，返回钱祖原乡，隐居天目山，从此披星看月、两袖清风，那是何等轻松逍遥。而他钱谦益，却因为对前程与功名痴迷不悟，如今落了个进也不是，退也不是的尴尬下场。

如今遥望天目山，钱谦益是不是会这样想：钱氏祖上当时纳土归宋，与他的投降清朝，属于同样的行为举动吗？

要知道，吴越国君臣纳土归宋，那是为了保全万千百姓的性命与国土城池的富强繁荣，根本不是为了某个人或某个家族的存亡与得失。

这就是高风亮节与苟且偷生的区别。

再想想他的祖上钱镠钱大王，"一剑霜寒十四州"，是何等的气壮山河，而他钱谦益虽然满腹诗书，却失节多变，终于被世人所不齿。

作为明朝遗民，钱谦益在新朝又生活了二十年后，终于走完了他亦是亦非的一生。他临死前流下两滴浊泪，悲叹自己死晚了，偷活了二十年。

钱谦益走了，柳如是还在人世。

河东君柳如是的书法"艳过六朝，情深班蔡"，说她的字比魏晋六朝时名人的还明艳生动，其情操犹如才女班昭与蔡文姬一样深厚。班昭是东汉人，帮她哥哥班固续写《汉书》；蔡文姬也是东汉才女，留下了拼死救夫的典故。

柳如是的绘画，被人评价为"娴熟简约，清丽有致"。

柳如是的气节，那更是超越须眉，气壮河山。

但是钱谦益去世仅仅一个月，尸骨未寒，钱氏家人就气势汹汹地赶来，要抢夺柳如是名下的所有财产，就连钱谦益给她盖的房子也要霸占，还要将她扫地出门。柳如是在他们的眼里，是贱人，是污秽。她的存在，只能给光彩体面的士大夫家族抹黑。

到清算的时候了，这个姓柳的女人，当年从鬼迷心窍的老头子那里得到多少，如今就要加倍地拿出来，还回去。

柳如是原本就是刚烈的女子，哪里会为了偷生，眼睁睁地受辱？她决绝又冷静地扬起一缕布帛，不拖泥，不带水，就在绛云楼结束了美如春花、娴如秋月、灿若辰星的生命。

"待约个梅魂，黄昏月淡，与伊深怜低语"，梅魂月魄者的咏唱，不是恶俗小人能读得懂的。当一群嘴脸扭曲、心性恶毒的人，庆幸将家门清理干净，将柳姓侧房赶尽杀绝的时候，哪里懂得，她——人中龙凤的河东君早以自己的芳华与情操，在史河中留下了一道令人瞠目的炫丽，留下了《柳如是诗》《红豆村庄杂录》《梅花集句》等著作。

再看钱谦益。他死后，乾隆皇帝对他非常厌恶和鄙夷，下诏将他列入《贰臣传》。所谓贰臣，是指在前一个朝代做官，投降后一个朝代又做官的人，也泛指变节的叛逆者。钱谦益的著述，在清朝也被列为禁书。

一朝屈膝，站起来可就难了。

"人中柳如是，是如柳中人"，集美貌、才情、骨气于一身的柳如是，让无数后人惊叹佩服，数百年来，令多少文人学士赞叹。连近代大学者陈寅恪先生也愿意用他学术生涯中极其宝贵的十年时间，来完成一部洋洋百万字的《柳如是别传》。

"你殉国，我殉夫！"

这声音多像天目大山中的松呼竹吼，激越昂扬，响彻云霄。

天目山，为之肃穆。

参考文献

1.江跃良主编：《临安历代诗词汇编》，团结出版社，2020 年。

2.张金杰：《钱谦益与佛道僧人交游简考》，《宜春学院学报》第 36 卷第 4 期，2014 年 4 月。

3.鲁竹：《明清贰臣钱谦益的两难人生》，《领导文萃》2016 年 8 月下期。

4.马语晨：《钱谦益诗歌创作与人生遭际关系研究》，《河南广播电视大学学报》第 29 卷第 3 期，2016 年 7 月。

身在高堂不自由，
幽兰思归天目山

身在千山顶上头，突岩深缝妙香稠。

非无脚下浮云闹，来不相知去不留。

————〔清〕郑板桥《题画兰》

仲春时节，山外已是桃红柳绿一派灿烂，天目大山里边，还是草树新绿、山花含苞，满眼早春的景象。一场春雨之后，天目山色越发浓郁了，草木碧翠，山岚好像染上了墨绿，就连鸟叫声，也流淌着青青春意。

这时候的天目山道上，走来一位中年男子，他面容清瘦，脑门光亮，身上穿了一件青蓝色竹布长衫，脚下踏着一双黑布旧鞋。随同的还有几个男人，同样长衫布履，看起来都很斯文。一行人迎着春天的清辉晨曦，穿过山门，拾级而上。

这位身穿青衫的男子，就是郑板桥。

郑板桥，原名郑燮，字克柔，清代书画家、文学家。"板桥"这个名字，出自唐代诗人刘禹锡《柳枝词》的"春江一曲柳千条，二十年前旧板桥"，用"板桥"来形容时光匆促、世态炎凉。

郑板桥一行爬了半天，才到天目山腰。眼前有一株株参天大树，一行人个个把手臂张开，也不能将树干合抱过来。再看远处，群峦叠嶂，连绵不绝，真是蔚为壮观。

面对这绝美的山景，停下脚步歇一歇吧。山腰间有座亭子，叫倚翠亭。玲珑八角亭，亭的旁边有块大石头，高高耸立，上面写着"倚翠"两个大字。坐在亭子里，前后左右全是一派葱绿，真是倚翠傍碧，四面美景。

郑板桥攀上了天目高峰，来到了狮子岩。到时已晚，夕阳坠下西谷，就好像闪身进了山洞，天色一点点昏暗下来，百鸟返林，暮鸦归巢，都准备着安静过夜了。郑板桥他们又在哪里过夜呢？依傍着狮子岩，有座幻住庵，这是建造在绝壁高峰间的一座寺院，建造者为中峰明本法师。如今这里是游人山客的落脚点，更是文人雅士慕名而来的理想住宿地。

郑板桥一行来到狮子峰下的幻住庵，受到了寺中僧人的热情接待。

爬了一天山，真是累得不行了，赶紧填饱肚子，洗洗睡吧。

清晨一觉醒来，一定是胸气通畅，精神饱满。用餐之后也不急着看山，而是与高僧坐在禅房密室里，交流禅经，谈谈诗文与书画。山高处很冷，春季的晨昏还需要烤火取暖，也就紧闭着门窗。

郑板桥与寺庵中的高僧正聊着，忽然闻到了一股香味，仔细分辨，是兰花的香味。这个最爱兰花的人，闻到了兰香，一下子精神大振，问高僧："大师，您这室里培有兰花？"大师摇摇头，微笑不语。郑板桥说："这

空谷幽兰

室里要是没有兰花，怎么会有兰香？"僧人起身，把密室后面的一扇窗户打开。窗户一开，一片清芳扑鼻。

郑板桥来到窗前，朝外面一看，只见窗外是一堵陡峭高耸的石壁，石壁上全是兰花兰草在迎风摆动。石壁下面有一具枯死的树根，这烂树根看上去十分丑陋，却有兰花寄生在上面。再看烂树根上生长的兰花，就好像发怒的虬龙，毛须全都偾张开来，实在是奇异的景致。

这趟天目山游览经历和所见的天目兰花，被郑板桥记在了他的《题画卷》一文中：

　　昔游天目山，与老僧坐密室中，闻幽兰香，不知所出。僧即开小窗，见峭壁千尺，皆芳兰披拂，而下又有枯树根，怪丑坏烂，兰亦寄生其上，如虬龙勃怒，鬐鬣皆张，实异境也。

　　板桥先生这是把天目山与天目山的兰花，隆重地推出来了。

　　天目山是一座动植物宝库。说到兰花，除了寻常的春兰、九节兰等，天目山还有一些珍稀品种，比如象鼻兰、独花兰等。象鼻兰是一种矮生的植物，生长在高海拔的林地或林缘树枝上，斜立或悬垂，叶形椭圆，开淡紫色的兰花，十分漂亮，是继银缕梅、大别山五针松、霍山石斛、毛柄小勾儿茶和长序榆之后，第六个国家级极小种群保护物种，十分珍贵。而独花兰同样生长在高海拔的山林中，是多年生球茎植物，一枝一花，花瓣有紫红和紫白色，是国家二级保护植物。在云萦雾绕的天目山林间，看到象鼻兰或独花兰，面对那或粉或紫的花朵，一定会觉得她们是不食人间烟火的神姑仙女，美得让人眩目，美得令人窒息。

　　不知道板桥先生有没有邂逅这绝美的天目兰仙。

　　再说说爱兰人郑板桥的身世。他出生在江苏兴化一户相对清贫的书香人家，从小就是个非常聪明的孩子，小小年纪就能和父亲对对子。二十岁时，他考中了秀才，之后娶妻生子，成家立业。

　　考中秀才，有了做教师的资格，郑板桥便开设私塾教学童。但是靠教书挣到的薪水实在有限，不够一大家子人的吃喝，为了生计，他只好离开私塾，另找出路。但是也没有更好的出路，他想到手上还有点技艺，可以画画来卖。或许是觉得在老家卖画丢人吧，他去了相对陌生的城市扬州。

　　郑板桥在扬州卖画，很快卖出了名气，成了"扬州画派"中的重要人物。这些人物，民间俗称"扬州八怪"。

在扬州卖画，好歹让一家人过上了安耽的日子。但在这期间，他的儿子因病夭折了，没过几年，夫人又因病去世，这对郑板桥打击很大。在妻子去世后一年，郑板桥四十岁时，他考中了举人。再过了四年，他又考中了进士。

自己四十多岁能考中进士，郑板桥的心里还是十分高兴的，当时便画了幅画，叫《秋葵石笋图》：秋天的葵花，腹中饱满了，又能像石笋一样刺破泥层，冒出尖角，实在是难能可贵。他还在画上配了首抒发情怀的诗："牡丹富贵号花王，芍药调和宰相祥。我亦终葵称进士，相随丹桂状花郎。"大意是：牡丹是富贵花，号称花中之王，芍药花是宰相风范，我这秋天的葵花，也终于成了进士，跟随在丹桂这样状元郎的后面。

中了进士，金榜题名，算是手中握上了块敲门砖，按照常规，接下来就能走上仕途，担任官职了。但也并不是有了敲门砖，就能马上进门，得等，等到有了空缺下来的位置，才能填补上去。而郑板桥这一等，六年的光阴就过去了。直到五十岁，他才当了范县（今河南省濮阳市范县）的县令。

为官十年，郑板桥为民众办了许多好事，但官场上总是难免有黑暗的地方，有的人司空见惯，可像郑板桥这样真性情的人却看不惯，更无法忍受。但凭他的力量肯定改变不了官场规则，就像一股涓细的清流肯定改变不了大河的浑浊。既然无力改变大环境，那身在其中，要想生存，只有改变自己。若是连自己也改变不了，要不就忍受打击排挤，埋起脑袋过日子，要不就干脆卷铺盖走人。郑板桥选择了后者，退出官场，洁身自好。之后，他便重操旧业，依旧以卖画为生。

〔清〕郑板桥《幽兰图》

之所以做出这样的选择，原因或许正像他在文章里写的："余种兰数十盆，三春告暮，皆有憔悴思归之色。因移植于太湖石、黄石之间……来年忽发箭数十，挺然直上，香味坚厚而远。"

这话的大意是：我种了数十盆兰花，春季结束之后，都萎靡了，就像游子想回归故乡。因此把它们移栽在院子的太湖石、黄石之间，没想到第二年竟然长出了数十支兰箭，一支支身姿挺拔，开花后香味浓郁而且飘得很远。

所以郑板桥说："此假山耳，尚如此，况真山乎？"也就是说，这院子里用太湖石、黄石垒起来的，还是假山呀，就能让兰花开得这么好，更不要说让兰花回到真山上了。

兰花种在花盆里就萎靡了，把一个人摆在不适宜的位置上，不就像幽兰出谷一样，一定是无比困惑与压抑的。如果不及时给予调整，也就会像病兰一样枯萎下去。

这就像天目山的兰花，最适合它生长的地方，一定是天目山中。

郑板桥与天目山，称得上情缘深厚。他曾经至少三次来到杭州并游览天目山。第一次是雍正十年（1732）秋天，乡试结束后他与友人游杭州，也游天目山。第二次是考中进士的前一年，他应聘浙江乡试外帘官，也就是监考老师，结束后在杭州各地游玩。第三次是他辞官之后，来到杭州，故地重游，再寻旧迹。

来到天目山的郑板桥，一边与天目高僧谈经论道，一边感受着苍茫大山中的清新与静谧，更惊诧于深山幽兰的勃勃生机。

也因此，他画了几幅妙笔生花的兰图，也写下了几首意味深长的兰诗，包括篇首的《题画兰》。

这首《题画兰》的大意是：身子扎根在深山高峰之上，峭壁悬崖间好一派清香。脚下是来来去去轻薄飘浮的云，随浮云来去，我永远咬定青山，做我的深谷幽兰。

"四时不谢之兰，百节长青之竹，万古不败之石，千秋不变之人。"兰、竹、石，是郑板桥的终生最爱。而幽芳怡静的兰花、挺竹与奇石，与他郑板桥，也好像相遇相知，相互融汇，合为一体了。

郑板桥的偶像是谁？就是同样钟情天目山的江南大才子徐渭。

他曾经刻有一方印章，上面刻的是"青藤门下牛马走"。意为他郑板桥对徐渭佩服得五体投地，要是生在同一个时代，心甘情愿做他的奴仆。

乾隆三十年（1765），郑板桥走完了他淋漓尽致的

郑板桥"青藤门下牛马走"印

一生，享年七十三岁。

"衙门卧听萧萧竹，疑是民间疾苦声。"

在衙门的房舍里休息，听到外面响起沙沙的声音，一下子惊起，因为总担心老百姓受苦了，耳朵里不时传来他们诉苦吐怨的声音。

写下这样诗句的官员，一定是两袖清风，一身正气，满怀慈悲。

这是清芳，山谷间清远的芳香，也就是兰花特有的香气。

如同天目山深谷中的幽兰，勃然怒放，兰香四溢，沁人心脾，了无尘杂。

冬去春风来，天目又兰香。

参考文献

1.吴建华：《郑板桥与江南的关系》，《社会科学》2006 年第 8 期。

2.周积寅、王凤珠：《郑板桥年谱》，山东美术出版社，1991 年。

3.柯平：《明清文人那些事儿》，重庆出版社，2010 年。

一卷诗书入天目

HANG ZHOU